"十四五"职业教育规划教材·物流专业

物流仓储管理综合作业

主　编　陈世辉　梁振新
副主编　冼　诗　陆荣程
　　　　卢秋杏　石丽娜
参　编　黄兰梦　任宇翔
　　　　程　聪　陶丹丹
　　　　周梦文

吉林大学出版社
·长春·

图书在版编目（CIP）数据

物流仓储管理综合作业 / 陈世辉，梁振新主编. -- 长春：吉林大学出版社，2021.6
ISBN 978-7-5692-8515-4

Ⅰ. ①物… Ⅱ. ①陈… ②梁… Ⅲ. ①物流管理－仓库管理 Ⅳ. ①F253

中国版本图书馆CIP数据核字(2021)第134396号

书　　名	物流仓储管理综合作业 WULIU CANGCHU GUANLI ZONGHE ZUOYE
作　　者	陈世辉　梁振新　主编
策划编辑	王蕾
责任编辑	张文涛
责任校对	甄志忠
装帧设计	胡广兴
出版发行	吉林大学出版社
社　　址	长春市人民大街4059号
邮政编码	130021
发行电话	0431-89580028/29/21
网　　址	http://www.jlup.com.cn
电子邮箱	jdcbs@jlu.edu.cn
印　　刷	北京荣玉印刷有限公司
开　　本	787mm×1092mm　1/16
印　　张	9
字　　数	170千字
版　　次	2021年6月　第1版
印　　次	2021年6月　第1次
书　　号	ISBN 978-7-5692-8515-4
定　　价	39.80元

版权所有　翻印必究

前　言

为了适应以互联网、物联网、大数据、云计算和人工智能为代表的新技术、新模式和新业态下物流业发展对人才需求的变化，推动物流专业实训教学标准的实施与完善，规范教学，提高教学质量，创新人才培养模式，提升培养物流专业人才的社会认可度和市场匹配度，本书以历年广西中等职业学校物流技能大赛中职组比赛要求为出发点，与国赛接轨，旨在培养学生在物流中心对现场作业、安全及文明生产等方面的专业技能和职业素养。

本书分为两个部分：第一阶段的作业任务优化方案和第二阶段的现场实操。作业任务优化方案的内容包括：出入库报表汇总、ABC 分类、移库作业、入库作业计划、出库作业计划、补货作业计划、盘点作业计划、配送作业和运输作业计划等九个方面。现场实操需要用到的物流设备有现代物流综合作业系统、电子标签及软件、无线 RF 手持、叉车和地牛等，包括移库作业、入库作业、补货作业、出库作业、干线到达、运输作业和盘点作业等七个物流现场作业。

在此感谢北京络捷斯特科技发展股份有限公司为本书的编写提供的技术支持。

由于时间仓促，编者水平有限，书中难免存在不足之处，敬请广大读者批评指正，以不断改进和完善。

编　者

2021 年 4 月

目　　录

第一阶段　作业任务优化方案 ··· 1

任务 1　出入库报表汇总 ·· 1

1.1　出库报表汇总原理 ··· 1
1.2　例题分析 ··· 1

任务 2　ABC 分类 ··· 12

2.1　ABC 分类标准及常用指标计算方法 ··· 12
2.2　例题分析 ··· 12

任务 3　移库作业 ·· 17

例题讲解 ··· 17

任务 4　入库作业计划 ·· 19

例题分析 ··· 19

任务 5　出库作业计划 ·· 23

5.1　例题分析 ··· 23
5.2　作业计划 ··· 24

任务 6　补货作业计划 ·· 27

例题解析 ··· 27

任务 7　盘点作业计划 ·· 29

例题解析 ··· 29

任务 8　配送作业 ·· 30

例题解析 ··· 30

任务 9　运输作业计划 ·· 33

9.1　节约里程法原理 ·· 33

9.2 例题解析 ... 34

第二阶段　现场实操（系统+手持操作） ... 37

实操 1　移库作业 ... 37
1.1 移库作业单录入 ... 37
1.2 移库作业手持操作 ... 40

实操 2　入库作业 ... 43
2.1 正常货物入库，无须取货 ... 43
2.2 先取货，后入库 ... 52

实操 3　补货作业 ... 64
3.1 补货单录入 ... 64
3.2 补货手持操作 ... 66

实操 4　出库作业 ... 72
4.1 整箱货物出库 ... 72
4.2 电子标签货架货物出库 ... 85
4.3 出库送货 ... 94

实操 5　干线到达 ... 107
5.1 到货通知 ... 107
5.2 货物入站 ... 108
5.3 货物流向 ... 110

实操 6　运输作业 ... 119
6.1 运输订单录入 ... 119
6.2 分单调度 ... 121
6.3 运单打印 ... 123
6.4 取派调度 ... 125
6.5 运输订单手持操作 ... 128

实操 7　盘点作业 ... 132
7.1 盘点单录入 ... 132
7.2 盘点手持操作 ... 134

第一阶段　作业任务优化方案

任务1　出入库报表汇总

　　根据托盘区或者电子货架区某一个时间段的出入库月报表数据,完成该时间段的出入库汇总报表中的出入库数据汇总,并结合初始时刻库存结余量数据,计算出期末时刻每种货物的库存结余量。

1.1　出库报表汇总原理

　　将每个月的出入库月报表复制到 Excel,按照商品名称或者商品条码进行排序,利用分类汇总功能进行出入库数据的汇总。计算公式如下:

$$库存结余量 = 期初库存量 + 入库量 - 出库量$$

1.2　例题分析

　　根据托盘货架区 2020 年全年出入库月报表数据,完成托盘货架区 2020 年全年出入库汇总报表中的出入库数据汇总,并结合托盘货架区 2019 年 12 月 31 日 17:30 时刻库存结余量数据,计算出 2020 年 12 月 31 日 17:30 时刻托盘货架区每种货物的库存结余量。相关信息如图 1-1～图 1-13 所示。

初始库存及商品价格信息（截至 2019 年 12 月 31 日 17:30）

序号	商品名称	库存结余	单位	单价（元）
1	恒大冰泉矿泉水（2.5L）	38	瓶	34.19
2	维他柠檬茶（2.5L）	30	瓶	33.69
3	中华成语词典	46	本	19.80
4	英汉双解词典	7	本	33.60
5	依云矿泉水（1.25L）	9	瓶	73.04
6	英汉大词典	26	本	39.00
7	英汉汉英词典	55	本	34.30
8	新华字典	11	本	39.80
9	百岁山矿泉水（5L）	42	瓶	24.84
10	维他灌装柠檬茶（310mL）	9	瓶	3.30
11	成语大字典	36	本	19.80
12	古代汉语词典	32	本	40.00
13	新华成语词典	29	本	50.70
14	依云矿泉水（5L）	18	瓶	135.81
15	农夫山泉茶派柠檬红茶（500mL）	3	瓶	5.00
16	维他柠檬茶（250mL）	8	瓶	2.50
17	成语大词典（彩色本）	27	本	64.80
18	依云矿泉水（2.5L）	14	瓶	91.37
19	依能蓝莓黑水果味饮料（500mL）	16	瓶	2.30

图 1-1

出入库月报表（截至 2020 年 01 月 31 日 17:30）

序号	商品名称	出库量（箱）	入库量（箱）
1	恒大冰泉矿泉水（2.5L）	101	80
2	维他柠檬茶（2.5L）	180	188
3	中华成语词典	220	230
4	英汉双解词典	109	121
5	依云矿泉水（1.25L）	90	102
6	英汉大词典	100	110
7	英汉汉英词典	150	160
8	新华字典	130	129
9	百岁山矿泉水（5L）	120	150
10	维他灌装柠檬茶（310mL）	100	100
11	成语大字典	89	90
12	古代汉语词典	50	74
13	新华成语词典	259	260
14	依云矿泉水（5L）	185	182

图 1-2

出入库月报表（截至 2020 年 02 月 28 日 17:30）

序号	商品名称	出库量（箱）	入库量（箱）
1	恒大冰泉矿泉水（2.5L）	190	184
2	英汉双解词典	211	207
3	依云矿泉水（1.25L）	99	89
4	英汉大词典	121	145
5	新华字典	130	129
6	百岁山矿泉水（5L）	174	183
7	古代汉语词典	79	88
8	新华成语词典	367	351
9	依云矿泉水（5L）	243	238
10	农夫山泉茶派柠檬红茶（500mL）	201	200
11	维他柠檬茶（250mL）	145	165
12	成语大词典（彩色本）	56	46
13	依云矿泉水（2.5L）	29	30
14	依能蓝莓黑水果味饮料（500mL）	39	44

图 1-3

出入库月报表（截至 2020 年 03 月 31 日 17:30）

序号	商品名称	出库量（箱）	入库量（箱）
1	恒大冰泉矿泉水（2.5L）	70	67
2	维他柠檬茶（2.5L）	124	111
3	中华成语词典	37	40
4	英汉双解词典	154	160
5	依云矿泉水（1.25L）	100	106
6	英汉大词典	221	208
7	英汉汉英词典	156	147
8	百岁山矿泉水（5L）	216	201
9	维他灌装柠檬茶（310mL）	23	26
10	成语大字典	54	59
11	古代汉语词典	40	41
12	新华成语词典	108	134
13	依云矿泉水（5L）	159	151
14	维他柠檬茶（250mL）	114	121
15	成语大词典（彩色本）	68	60
16	依云矿泉水（2.5L）	59	61
17	依能蓝莓黑水果味饮料（500mL）	49	53

图 1-4

出入库月报表（截至 2020 年 04 月 30 日 17:30）

序号	商品名称	出库量（箱）	入库量（箱）
1	恒大冰泉矿泉水（2.5L）	88	93
2	维他柠檬茶（2.5L）	137	120
3	中华成语词典	82	49
4	英汉双解词典	211	209
5	依云矿泉水（1.25L）	88	102
6	英汉大词典	138	211
7	英汉汉英词典	132	106
8	新华字典	33	47
9	百岁山矿泉水（5L）	111	121
10	成语大字典	35	59
11	古代汉语词典	40	11
12	新华成语词典	108	83
13	依云矿泉水（5L）	159	169
14	维他柠檬茶（250mL）	110	108
15	成语大词典（彩色本）	231	301
16	依云矿泉水（2.5L）	44	51
17	依能蓝莓黑水果味饮料（500mL）	50	53

图 1-5

出入库月报表（截至 2020 年 05 月 31 日 17:30）

序号	商品名称	出库量（箱）	入库量（箱）
1	恒大冰泉矿泉水（2.5L）	88	93
2	维他柠檬茶（2.5L）	56	65
3	中华成语词典	94	89
4	英汉双解词典	157	160
5	依云矿泉水（1.25L）	93	89
6	英汉大词典	59	68
7	英汉汉英词典	236	250
8	百岁山矿泉水（5L）	69	47
9	维他灌装柠檬茶（310mL）	79	78
10	成语大字典	90	59
11	古代汉语词典	69	58
12	新华成语词典	116	143
13	依云矿泉水（5L）	135	146
14	农夫山泉茶派柠檬红茶（500mL）	59	72
15	维他柠檬茶（250mL）	158	163
16	成语大词典（彩色本）	141	158
17	依能蓝莓黑水果味饮料（500mL）	71	79

图 1-6

出入库月报表（截至 2020 年 06 月 30 日 17:30）

序号	商品名称	出库量（箱）	入库量（箱）
1	恒大冰泉矿泉水（2.5L）	139	132
2	维他柠檬茶（2.5L）	69	69
3	中华成语词典	164	158
4	英汉双解词典	99	87
5	依云矿泉水（1.25L）	68	65
6	英汉大词典	165	120
7	英汉汉英词典	140	137
8	百岁山矿泉水（5L）	43	49
9	维他灌装柠檬茶（310mL）	81	79
10	成语大字典	54	51
11	古代汉语词典	210	258
12	新华成语词典	49	51
13	依云矿泉水（5L）	230	223
14	维他柠檬茶（250mL）	94	92
15	成语大词典（彩色本）	162	126
16	依能蓝莓黑水果味饮料（500mL）	89	81

图 1-7

出入库月报表（截至 2020 年 07 月 31 日 17:30）

序号	商品名称	出库量（箱）	入库量（箱）
1	维他柠檬茶（2.5L）	181	176
2	中华成语词典	87	89
3	英汉双解词典	93	91
4	依云矿泉水（1.25L）	89	93
5	英汉大词典	137	139
6	英汉汉英词典	175	170
7	新华字典	43	49
8	维他灌装柠檬茶（310mL）	55	80
9	成语大字典	107	102
10	古代汉语词典	310	300
11	新华成语词典	145	130
12	依云矿泉水（5L）	250	264
13	农夫山泉茶派柠檬红茶（500mL）	99	103
14	维他柠檬茶（250mL）	23	0
15	成语大词典（彩色本）	202	210
16	依能蓝莓黑水果味饮料（500mL）	98	91

图 1-8

出入库月报表（截至 2020 年 08 月 31 日 17:30）

序号	商品名称	出库量（箱）	入库量（箱）
1	恒大冰泉矿泉水（2.5L）	73	69
2	中华成语词典	104	99
3	英汉双解词典	310	321
4	英汉大词典	171	139
5	英汉汉英词典	98	88
6	新华字典	211	199
7	百岁山矿泉水（5L）	32	12
8	维他灌装柠檬茶（310mL）	73	81
9	成语大字典	93	102
10	古代汉语词典	219	205
11	新华成语词典	111	101
12	依云矿泉水（5L）	97	121
13	农夫山泉茶派柠檬红茶（500mL）	161	151
14	维他柠檬茶（250mL）	69	67
15	成语大词典（彩色本）	167	153
16	依云矿泉水（2.5L）	59	48
17	依能蓝莓黑水果味饮料（500mL）	86	83

图 1-9

出入库月报表（截至 2020 年 09 月 30 日 17:30）

序号	商品名称	出库量（箱）	入库量（箱）
1	恒大冰泉矿泉水（2.5L）	219	234
2	维他柠檬茶（2.5L）	90	100
3	中华成语词典	38	45
4	英汉双解词典	107	102
5	依云矿泉水（1.25L）	45	72
6	英汉大词典	34	0
7	英汉汉英词典	108	99
8	新华字典	145	167
9	百岁山矿泉水（5L）	63	59
10	维他灌装柠檬茶（310mL）	19	22
11	成语大字典	78	81
12	古代汉语词典	200	199
13	新华成语词典	85	81
14	依云矿泉水（5L）	60	71
15	农夫山泉茶派柠檬红茶（500mL）	92	89
16	维他柠檬茶（250mL）	70	72
17	成语大词典（彩色本）	192	165
18	依云矿泉水（2.5L）	91	89

图 1-10

出入库月报表（截至 2020 年 10 月 31 日 17:30）

序号	商品名称	出库量（箱）	入库量（箱）
1	恒大冰泉矿泉水（2.5L）	59	62
2	维他柠檬茶（2.5L）	146	154
3	中华成语词典	68	62
4	英汉双解词典	96	91
5	依云矿泉水（1.25L）	211	199
6	英汉大词典	69	63
7	英汉汉英词典	111	102
8	新华字典	132	138
9	维他灌装柠檬茶（310mL）	34	31
10	成语大字典	88	81
11	古代汉语词典	105	99
12	新华成语词典	65	72
13	依云矿泉水（5L）	71	63
14	农夫山泉茶派柠檬红茶（500mL）	46	51
15	维他柠檬茶（250mL）	82	81
16	成语大词典（彩色本）	102	100
17	依能蓝莓黑水果味饮料（500mL）	42	49

图 1-11

出入库月报表（截至 2020 年 11 月 30 日 17:30）

序号	商品名称	出库量（箱）	入库量（箱）
1	恒大冰泉矿泉水（2.5L）	126	122
2	中华成语词典	82	86
3	英汉双解词典	156	159
4	依云矿泉水（1.25L）	29	33
5	英汉大词典	75	69
6	英汉汉英词典	54	67
7	新华字典	84	69
8	百岁山矿泉水（5L）	55	61
9	维他灌装柠檬茶（310mL）	69	54
10	成语大字典	63	59
11	古代汉语词典	100	63
12	新华成语词典	80	78
13	依云矿泉水（5L）	101	93
14	农夫山泉茶派柠檬红茶（500mL）	76	73
15	维他柠檬茶（250mL）	68	69
16	依云矿泉水（2.5L）	67	67
17	依能蓝莓黑水果味饮料（500mL）	62	65

图 1-12

出入库月报表（截至 2020 年 12 月 31 日 17:30）

序号	商品名称	出库量（箱）	入库量（箱）
1	恒大冰泉矿泉水（2.5L）	89	119
2	维他柠檬茶（2.5L）	63	81
3	中华成语词典	101	106
4	英汉双解词典	92	91
5	依云矿泉水（1.25L）	49	52
6	英汉大词典	132	129
7	英汉汉英词典	79	73
8	新华字典	111	98
9	百岁山矿泉水（5L）	20	25
10	维他灌装柠檬茶（310mL）	79	72
11	成语大字典	93	88
12	古代汉语词典	103	116
13	新华成语词典	56	67
14	依云矿泉水（5L）	73	61
15	农夫山泉茶派柠檬红茶（500mL）	70	71
16	维他柠檬茶（250mL）	96	89
17	成语大词典（彩色本）	51	49
18	依云矿泉水（2.5L）	146	150
19	依能蓝莓黑水果味饮料（500mL）	86	68

图 1-13

第一步：将每个月的出入库月报表复制到 Excel，粘贴时选择"匹配目标格式"。如果表格是图片格式，可以找到相似商品的其他表格复制过来进行数据更改。

第二步：按照"商品名称"降序，对商品进行排序，如图 1-14、图 1-15 所示。

图 1-14

序号	商品名称	出库量（箱）	入库量（箱）
3	中华成语词典	220	230
3	中华成语词典	37	40
3	中华成语词典	82	49
3	中华成语词典	94	89
3	中华成语词典	164	158
2	中华成语词典	87	89
2	中华成语词典	104	99
3	中华成语词典	38	45
3	中华成语词典	68	62
2	中华成语词典	82	86
3	中华成语词典	101	106
4	英汉双解词典	109	121
2	英汉双解词典	211	207
4	英汉双解词典	154	160
4	英汉双解词典	211	209
4	英汉双解词典	157	160
4	英汉双解词典	99	87
3	英汉双解词典	93	91
3	英汉双解词典	310	321
4	英汉双解词典	107	102

图 1-15

第三步：利用"数据—分类汇总"，分类字段选择"商品名称"，汇总方式选择"求和"，选定汇总选项勾选"出库量（箱）""入库量（箱）"，如图 1-16 所示。

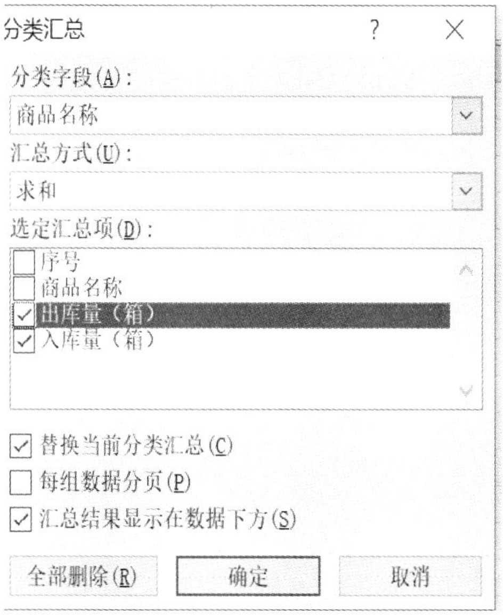

图 1-16

汇总每种商品的出入库数量，并隐藏明细数据，结果如图 1-17 所示。

商品名称	出库量（箱）	入库量（箱）
中华成语词典 汇总	1077	1053
英汉双解词典 汇总	1795	1799
英汉汉英词典 汇总	1439	1399
英汉大词典 汇总	1422	1401
依云矿泉水（5L） 汇总	1763	1782
依云矿泉水（2.5L） 汇总	495	496
依云矿泉水（1.25L） 汇总	961	1002
依能蓝莓黑水果味饮料（500mL） 汇总	672	666
新华字典 汇总	1019	1025
新华成语词典 汇总	1549	1551
维他柠檬茶（250mL） 汇总	1029	1027
维他柠檬茶（2.5L） 汇总	1046	1064
维他灌装柠檬茶（310mL） 汇总	612	623
农夫山泉茶派柠檬红茶（500mL） 汇总	804	810
恒大冰泉矿泉水（2.5L） 汇总	1242	1255
古代汉语词典 汇总	1525	1512
成语大字典 汇总	844	831
成语大词典（彩色本） 汇总	1372	1368
百岁山矿泉水（5L） 汇总	903	908
总计	21569	21572

图 1-17

第四步：将出入库汇总结果复制粘贴到 Word 版本的答题卡，粘贴格式选择"覆盖单元格"。

第五步：将初始库存及商品价格信息表复制到 Excel，并按照"商品名称"降序排序，如图 1-18 所示。

第六步：利用公式：库存结余量=期初库存量+入库量-出库量，计算出每种商品的库存结余量，并复制到答题卡，结果如图 1-19 所示。

序号	商品名称	商品条码	期初库存结余（箱）	单价（元）	单位
1	中华成语词典	20200S00003	46	19.8	本
2	英汉双解词典	20200S00004	7	33.6	本
3	英汉汉英词典	20200S00007	55	34.3	本
4	英汉大词典	20200S00006	26	39	本
5	依云矿泉水（5L）	20200Y00014	18	135.81	瓶
6	依云矿泉水（2.5L）	20200Y00018	14	91.37	瓶
7	依云矿泉水（1.25L）	20200Y00005	9	73.04	瓶
9	新华字典	20200S00008	11	39.8	本
10	新华成语词典	20200S00013	29	50.7	本
11	维他柠檬茶（250mL）	20200Y00016	8	2.5	瓶
12	维他柠檬茶（2.5L）	20200Y00002	30	33.69	瓶
13	维他灌装柠檬茶（310mL）	20200Y00010	9	3.3	瓶
14	农夫山泉茶派柠檬红茶（500mL）	20200Y00015	3	5	瓶
15	恒大冰泉矿泉水（2.5L）	20200Y00001	38	34.19	瓶
8	依能蓝莓黑水果味饮料（500mL）	20200Y00019	16	2.3	瓶
16	古代汉语词典	20200S00012	32	40	本
17	成语大字典	20200S00011	36	19.8	本
18	成语大词典（彩色本）	20200S00017	27	64.8	本
19	百岁山矿泉水（5L）	20200Y00009	42	24.84	瓶

图 1-18

序号	商品名称	商品条码	期初库存结余（箱）	入库量（箱）	出库量（箱）	期末库存结余（箱）
1	中华成语词典	20200S00003	46	1053	1077	22
2	英汉双解词典	20200S00004	7	1799	1795	11
3	英汉汉英词典	20200S00007	55	1399	1439	15
4	英汉大词典	20200S00006	26	1401	1422	5
5	依云矿泉水（5L）	20200Y00014	18	1782	1763	37
6	依云矿泉水（2.5L）	20200Y00018	14	496	495	15
7	依云矿泉水（1.25L）	20200Y00005	9	1002	961	50
8	依能蓝莓黑水果味饮料（500mL）	20200Y00019	16	666	672	10
9	新华字典	20200S00008	11	1025	1019	17
10	新华成语词典	20200S00013	29	1551	1549	31
11	维他柠檬茶（250mL）	20200Y00016	8	1027	1029	6
12	维他柠檬茶（2.5L）	20200Y00002	30	1064	1046	48
13	维他灌装柠檬茶（310mL）	20200Y00010	9	623	612	20
14	农夫山泉茶派柠檬红茶（500mL）	20200Y00015	3	810	804	9
15	恒大冰泉矿泉水（2.5L）	20200Y00001	38	1255	1242	51
16	古代汉语词典	20200S00012	32	1512	1525	19
17	成语大字典	20200S00011	36	831	844	23
18	成语大词典（彩色本）	20200S00017	27	1368	1372	23
19	百岁山矿泉水（5L）	20200Y00009	42	908	903	47

图 1-19

任务 2 ABC 分类

ABC 分类法又叫作帕累托分析法。该分析法的核心思想是在决定一个事物的众多因素中分清楚主次，识别出少数的对事物起决定作用的关键因素和多数的对事物影响较小的的次要因素，按照此规则，将事物分为 A 类、B 类和 C 类。

2.1 ABC 分类标准及常用指标计算方法

ABC 分类法根据事物的属性或者所占权重不同，进行统计、排列和分类，划分为 A、B、C 三个部分，分别给予重点、一般、次要等不同程度的相应管理。为了合理地管理库存，减少流动资金占用，通常根据累计出库百分比、总金额累计百分比、库存周转率累计百分比进行 ABC 分类（见表 2-1、表 2-2）。

表 2-1 ABC 分类标准

类别	累计出库百分比/%	总金额累计百分比/%	库存周转率累计百分比/%
A	0~60	0~60	0~30
B	60~90	60~90	30~70
C	90~100	90~100	70~100

表 2-2 ABC 常用指标计算方法

分类指标	计算方法
出库百分比	某种商品的出库量/全部商品的出库总量×100%
总金额百分比	（某种商品的库存结余量*单价）/全部商品的总金额×100%
库存周转率百分比	该期间出库总金额/[0.5×（期初库存金额+期末库存金额）]×100%

2.2 例题分析

已知货物的数量、单价、装箱数，根据期末每种商品库存结余量的总金额，对商品进行 ABC 分类，完成商品 ABC 分类表。分类标准如下：

总金额累计百分比/%	0<A 类≤60	60<B 类≤90	90<C 类≤100

相关库存信息如图 2-1、图 2-2 所示。

储位编码	商品条码	商品名称	数量（箱）	单位	补货点	箱装数
C000000	20200Y00001	恒大冰泉矿泉水（2.5L）	10	瓶	3	10
C000001	20200Y00002	维他柠檬茶（2.5L）	9	瓶	5	10
C000002	20200S00003	中华成语词典	10	本	4	12
C000003	20200S00004	英汉双解词典	10	本	4	12
C000004	20200Y00005	依云矿泉水（1.25L）	9	瓶	4	10
C000005	20200S00006	英汉大词典	10	本	5	12
C000006	20200S00007	英汉汉英词典	11	本	6	12
C000007	20200S00008	新华字典	9	本	4	12
C000008	20200Y00009	百岁山矿泉水（5L）	10	瓶	6	10
C000009	20200Y00010	维他灌装柠檬茶（310mL）	15	瓶	7	10
C000010	20200S00011	成语大字典	9	本	4	12
C000011	20200S00012	古代汉语词典	8	本	5	12
C000012	20200S00013	新华成语词典	10	本	4	12
C000013	20200Y00014	依云矿泉水（5L）	10	瓶	5	10
C000014	20200Y00015	农夫山泉茶派柠檬红茶（500mL）	9	瓶	6	10
C000015	20200Y00016	维他柠檬茶（250mL）	9	瓶	5	10
C000016	20200S00017	成语大词典（彩色本）	10	本	7	12
C000017	20200Y00018	依云矿泉水（2.5L）	9	瓶	3	10
C000018	20200Y00019	依能蓝莓黑水果味饮料（500mL）	10	瓶	7	10

图 2-1

序号	商品名称	期初库存结余（箱）	单价（元）	单位	入库量（箱）	出库量（箱）	期末库存结余量（箱）
1	中华成语词典	46	19.8	本	1077	991	132
2	英汉双解词典	7	33.6	本	1795	1708	94
3	英汉汉英词典	55	34.3	本	1439	1297	197
4	英汉大词典	26	39	本	1422	1338	110
5	依云矿泉水（5L）	18	135.81	瓶	1763	1719	62
6	依云矿泉水（2.5L）	14	91.37	瓶	495	496	13
7	依云矿泉水（1.25L）	9	73.04	瓶	961	803	167
8	依能蓝莓黑水果味饮料（500mL）	16	2.3	瓶	672	617	71
9	新华字典	11	39.8	本	1019	887	143
10	新华成语词典	29	50.7	本	1549	1479	99
11	维他柠檬茶（250mL）	8	2.5	瓶	1029	946	91
12	维他柠檬茶（2.5L）	30	33.69	瓶	1046	910	166
13	维他灌装柠檬茶（310mL）	9	3.3	瓶	612	592	29
14	农夫山泉茶派柠檬红茶（500mL）	3	5	瓶	804	759	48
15	恒大冰泉矿泉水（2.5L）	38	34.19	瓶	1242	1193	87
16	古代汉语词典	32	40	本	1525	1413	144
17	成语大字典	36	19.8	本	844	750	130
18	成语大词典（彩色本）	27	64.8	本	1372	1268	131
19	百岁山矿泉水（5L）	42	24.84	瓶	903	908	37

图 2-2

第一步：计算商品金额，商品金额=箱装数*单价*期末库存结余量，结果如图2-3所示。

序号	商品名称	商品条码	期初库存结余（箱）	单价（元）	箱装数（个）	期末库存结余（个）	商品金额（元）
1	中华成语词典	20200S00003	46	19.8	12	22	5227.2
2	英汉双解词典	20200S00004	7	33.6	12	11	4435.2
3	英汉汉英词典	20200S00007	55	34.3	12	15	6174
4	英汉大词典	20200S00006	26	39	12	5	2340
5	依云矿泉水（5L）	20200Y00014	18	135.81	10	37	50249.7
6	依云矿泉水（2.5L）	20200Y00018	14	91.37	10	15	13705.5
7	依云矿泉水（1.25L）	20200Y00005	9	73.04	10	50	36520
8	依能蓝莓黑水果味饮料（500mL）	20200Y00019	16	2.3	10	10	230
9	新华字典	20200S00008	11	39.8	12	17	8119.2
10	新华成语词典	20200S00013	29	50.7	12	31	18860.4
11	维他柠檬茶（250mL）	20200Y00016	8	2.5	10	6	150
12	维他柠檬茶（2.5L）	20200Y00002	30	33.69	10	48	16171.2
13	维他灌装柠檬茶（310mL）	20200Y00010	9	3.3	10	20	660
14	农夫山泉茶派柠檬红茶（500mL）	20200Y00015	3	5	10	9	450
15	恒大冰泉矿泉水（2.5L）	20200Y00001	38	34.19	10	51	17436.9
16	古代汉语词典	20200S00012	32	40	12	19	9120
17	成语大字典	20200S00011	36	19.8	12	23	5464.8
18	成语大词典（彩色本）	20200S00017	27	64.8	12	23	17884.8
19	百岁山矿泉水（5L）	20200Y00009	42	24.84	10	47	11674.8

图 2-3

第二步：按照商品金额进行"降序"排列，并用求和函数计算总金额，结果如图2-4所示。

序号	商品名称	商品条码	期初库存结余（箱）	单价（元）	箱装数（个）	期末库存结余（个）	商品金额（元）
5	依云矿泉水（5L）	20200Y00014	18	135.81	10	37	50249.7
7	依云矿泉水（1.25L）	20200Y00005	9	73.04	10	50	36520
10	新华成语词典	20200S00013	29	50.7	12	31	18860.4
18	成语大词典（彩色本）	20200S00017	27	64.8	12	23	17884.8
15	恒大冰泉矿泉水（2.5L）	20200Y00001	38	34.19	10	51	17436.9
12	维他柠檬茶（2.5L）	20200Y00002	30	33.69	10	48	16171.2
6	依云矿泉水（2.5L）	20200Y00018	14	91.37	10	15	13705.5
19	百岁山矿泉水（5L）	20200Y00009	42	24.84	10	47	11674.8
16	古代汉语词典	20200S00012	32	40	12	19	9120
9	新华字典	20200S00008	11	39.8	12	17	8119.2
3	英汉汉英词典	20200S00007	55	34.3	12	15	6174
17	成语大字典	20200S00011	36	19.8	12	23	5464.8
1	中华成语词典	20200S00003	46	19.8	12	22	5227.2
2	英汉双解词典	20200S00004	7	33.6	12	11	4435.2
4	英汉大词典	20200S00006	26	39	12	5	2340
13	维他灌装柠檬茶（310mL）	20200Y00010	9	3.3	10	20	660
14	农夫山泉茶派柠檬红茶（500mL）	20200Y00015	3	5	10	9	450
8	依能蓝莓黑水果味饮料（500mL）	20200Y00019	16	2.3	10	10	230
11	维他柠檬茶（250mL）	20200Y00016	8	2.5	10	6	150
							224873.7

图 2-4

第三步：计算商品总金额百分比，结果如图 2-5 所示。

序号	商品名称	商品条码	期初库存结余（箱）	单价（元）	箱装数（个）	期末库存结余（个）	商品金额（元）	商品总金额百分比
5	依云矿泉水（5L）	20200Y00014	18	135.81	10	37	50249.7	22.35%
7	依云矿泉水（1.25L）	20200Y00005	9	73.04	10	50	36520	16.24%
10	新华成语词典	20200S00013	29	50.7	12	31	18860.4	8.39%
18	成语大词典（彩色本）	20200S00017	27	64.8	12	23	17884.8	7.95%
15	恒大冰泉矿泉水（2.5L）	20200Y00001	38	34.19	10	51	17436.9	7.75%
12	维他柠檬茶（2.5L）	20200Y00002	30	33.69	10	48	16171.2	7.19%
6	依云矿泉水（2.5L）	20200Y00018	14	91.37	10	15	13705.5	6.09%
19	百岁山矿泉水（5L）	20200Y00009	42	24.84	10	47	11674.8	5.19%
16	古代汉语词典	20200S00012	32	40	12	19	9120	4.06%
9	新华字典	20200S00008	11	39.8	12	17	8119.2	3.61%
3	英汉汉英词典	20200S00007	55	34.3	12	15	6174	2.75%
17	成语大字典	20200S00011	36	19.8	12	23	5464.8	2.43%
1	中华成语词典	20200S00003	46	19.8	12	22	5227.2	2.32%
2	英汉双解词典	20200S00004	7	33.6	12	11	4435.2	1.97%
4	英汉大词典	20200S00006	26	39	12	5	2340	1.04%
13	维他灌装柠檬茶（310mL）	20200Y00010	9	3.3	10	20	660	0.29%
14	农夫山泉茶派柠檬红茶（500mL）	20200Y00015	3	5	10	9	450	0.20%
8	依能蓝莓黑水果味饮料（500mL）	20200Y00019	16	2.3	10	10	230	0.10%
11	维他柠檬茶（250mL）	20200Y00016	8	2.5	10	6	150	0.07%
							224873.7	

图 2-5

第四步：计算商品总金额累计百分百，并根据题目要求进行 ABC 分类，结果如图 2-6。

序号	商品名称	商品条码	期初库存结余（箱）	单价（元）	箱装数（个）	期末库存结余（个）	商品金额（元）	商品总金额百分比	总金额累计百分比	ABC分类
5	依云矿泉水（5L）	20200Y00014	18	135.81	10	37	50249.7	22.35%	22.35%	A
7	依云矿泉水（1.25L）	20200Y00005	9	73.04	10	50	36520	16.24%	38.59%	
10	新华成语词典	20200S00013	29	50.7	12	31	18860.4	8.39%	46.97%	
18	成语大词典（彩色本）	20200S00017	27	64.8	12	23	17884.8	7.95%	54.93%	
15	恒大冰泉矿泉水（2.5L）	20200Y00001	38	34.19	10	51	17436.9	7.75%	62.68%	B
12	维他柠檬茶（2.5L）	20200Y00002	30	33.69	10	48	16171.2	7.19%	69.87%	
6	依云矿泉水（2.5L）	20200Y00018	14	91.37	10	15	13705.5	6.09%	75.97%	
19	百岁山矿泉水（5L）	20200Y00009	42	24.84	10	47	11674.8	5.19%	81.16%	
16	古代汉语词典	20200S00012	32	40	12	19	9120	4.06%	85.21%	C
9	新华字典	20200S00008	11	39.8	12	17	8119.2	3.61%	88.82%	
3	英汉汉英词典	20200S00007	55	34.3	12	15	6174	2.75%	91.57%	
17	成语大字典	20200S00011	36	19.8	12	23	5464.8	2.43%	94.00%	
1	中华成语词典	20200S00003	46	19.8	12	22	5227.2	2.32%	96.32%	
2	英汉双解词典	20200S00004	7	33.6	12	11	4435.2	1.97%	98.30%	
4	英汉大词典	20200S00006	26	39	12	5	2340	1.04%	99.34%	
13	维他灌装柠檬茶（310mL）	20200Y00010	9	3.3	10	20	660	0.29%	99.63%	
14	农夫山泉茶派柠檬红茶（500mL）	20200Y00015	3	5	10	9	450	0.20%	99.83%	
8	依能蓝莓黑水果味饮料（500mL）	20200Y00019	16	2.3	10	10	230	0.10%	99.93%	
11	维他柠檬茶（250mL）	20200Y00016	8	2.5	10	6	150	0.07%	100.00%	
							224873.7			

图 2-6

任务3 移库作业

例题讲解

已知了以下商品的 ABC 分类，依据移库原则，完成移库作业，如图 3-1 所示。

商品名称	总金额累计百分比	ABC 分类
依云矿泉水（5L）	22.35%	A
依云矿泉水（1.25L）	38.59%	A
新华成语词典	46.97%	A
成语大词典（彩色本）	54.93%	A
恒大冰泉矿泉水（2.5L）	62.68%	B
维他柠檬茶（2.5L）	69.87%	B
依云矿泉水（2.5L）	75.97%	B
百岁山矿泉水（5L）	81.16%	B
古代汉语词典	85.21%	B
新华字典	88.82%	B
英汉汉英词典	91.57%	C
成语大字典	94.00%	C
中华成语词典	96.32%	C
英汉双解词典	98.30%	C
英汉大词典	99.34%	C
维他灌装柠檬茶（310mL）	99.63%	C
农夫山泉茶派柠檬红茶（500mL）	99.83%	C
依能蓝莓黑水果味饮料（500mL）	99.93%	C
维他柠檬茶（250mL）	100.00%	C

图 3-1

移库规则：

（1）依照托盘货架区库存信息，饮料类商品放置于托盘货架区的 A 区（货位编号以字母 A 开头），图书类商品放置于托盘货架区的 B 区（货位编号以字母 B 开头）；

（2）依照托盘货架区库存信息，A 类货物放置于货架的第一层（A000000～A000003；

B000000～B000003），B 类货物放置于货架的第二层（A000100～A000103；B000100～B000103），C 类货物放置于货架的第三层（A000200～A000203；B000200～B000203）和第四层（A000300～A000302）；

（3）同一层放置顺序为：库存结余量总金额大的商品优先存放在货位编号小的货位（货位编号从左至右依次增大），商品从左至右依次相邻存放，如图 3-2 所示。

A000300	A000301	A000302	A000303
维他灌装柠檬茶（310mL）	农夫山泉茶派柠檬红茶（500mL）	依能蓝莓黑水果味饮料（500mL）	维他柠檬茶（250mL）
A000200	A000201	A000202	A000203
恒大冰泉矿泉水（2.5L）	维他柠檬茶（2.5L）	依云矿泉水（2.5L）	百岁山矿泉水（5L）
A000100	A000101	A000102	A000103
依云矿泉水（5L）	依云矿泉水（1.25L）		
A000000	A000001	A000002	A000003

（左）——————————— 作 业 通 道 ———————————（右）

B000000	B000001	B000002	B000003
新华成语词典	成语大词典（彩色本）		
B000100	B000101	B000102	B000103
古代汉语词典	新华字典		
B000200	B000201	B000202	B000203
英汉汉英词典	成语大字典	中华成语词典	英汉双解词典
B000300	B000301	B000302	B000303
英汉大字典			

图 3-2

任务4 入库作业计划

例题分析

如图4-1至图4-4，已知托盘和货架尺寸信息，结合前面的移库结果，根据入库通知单，结合货架规格、托盘规格、作业净空要求以及包装规格，编制组盘入库作业计划表（注：要求先组满托，再组散托）。

托盘和货架尺寸信息

名称	规格要求	数量
托盘货架	横梁式 第1层：2300mm×800mm×1170mm 第2层：2300mm×800mm×1130mm 第3层：2300mm×800mm×1120mm 第4层：2300mm×800mm×1120mm	若干组
托盘	标准 1200mm×1000mm×130mm 木制托盘	一批
作业净空要求	20mm	

图4-1

入库通知单 1

客户：S市联华超市有限公司　　入库库房：广厦物流股份有限公司库房
批次号：20201220001　　入库时间：2021-01-01
客户指令号：20201220X010

商品条码	商品名称	包装规格（mm）	单位	数量
20200S00008	新华字典	580×300×220	箱	24
20200Y00016	维他柠檬茶（250mL）	370×190×270	箱	27
20200S00017	成语大词典（彩色本）	480×390×290	箱	30

图4-2

入库通知单 2

客户：S 市联华超市有限公司　　入库库房：广厦物流股份有限公司库房
批次号：20201220001　　　　　　入库时间：2021-01-01
客户指令号：20201220X011

商品条码	商品名称	包装规格（mm）	单位	数量
20200Y00016	维他柠檬茶（250mL）	370×190×270	箱	25

图 4-3

入库通知单 3

客户：S 市联华超市有限公司　　入库库房：广厦物流股份有限公司库房
批次号：20201228001　　　　　　入库时间：2021-01-02
客户指令号：20201228X010

商品条码	商品名称	包装规格（mm）	单位	数量
20200S00013	新华成语词典	580×300×220	箱	20
20200Y00015	农夫山泉茶派柠檬红茶（500mL）	370×190×270	箱	18

图 4-4

计算步骤：

第一步：在 Excel 中利用"汇总"功能（注意：先排序再分类汇总），合并同种商品的数量，结果如图 4-5 所示。

商品条码	商品名称	包装规格（mm）	数量（入库量）/箱
20200S00008	新华字典	580×300×220	24
	新华字典 汇总		24
20200S00013	新华成语词典	580×300×200	20
	新华成语词典 汇总		20
20200Y00016	维他柠檬茶（250mL）	370×190×270	27
20200Y00016	维他柠檬茶（250mL）	370×190×270	25
	维他柠檬茶（250mL）汇总		52
20200Y00015	农夫山泉茶派柠檬红茶（500mL）	370×190×270	18
	农夫山泉茶派柠檬红茶（500mL）汇总		18
20200S00017	成语大词典（彩色本）	480×390×290	30
	成语大词典（彩色本）汇总		30
	总计		144

图 4-5

第二步：利用公式计算每层码垛数量，结果取整作为最后的数量（注意：公式中的符号应在英文输入法下输入），计算结果如图 4-6 所示。

每层码垛数量=max（（托盘长/箱长）*（托盘宽/箱宽），（托盘长/箱宽）*（托盘宽/箱长））

商品条码	商品名称	包装规格（mm）	数量（入库量）（箱）	每层码垛数量（箱）
20200S00008	新华字典	580×300×220	24	6.896551724
	新华字典 汇总		24	
20200S00013	新华成语词典	580×300×200	20	6.896551724
	新华成语词典 汇总		20	
20200Y00016	维他柠檬茶（250mL）	370×190×270	27	17.06970128
20200Y00016	维他柠檬茶（250mL）	370×190×270	25	
	维他柠檬茶（250mL）汇总		52	
20200Y00015	农夫山泉茶派柠檬红茶（500mL）	370×190×270	18	17.06970128
	农夫山泉茶派柠檬红茶（500mL）汇总		18	
20200S00017	成语大词典（彩色本）	480×390×290	30	6.41025641
	成语大词典（彩色本）汇总		30	

图 4-6

第三步：计算码垛层数，计算结果如图 4-7 所示。

码垛层数=Int[（货架层高-托盘高-净空高）/箱高]

商品条码	商品名称	数量（入库量）（箱）	每层码垛数量（箱）	码垛层数	组托数
20200S00008	新华字典	24	6.896551724	4	1
	新华字典 汇总	24			
20200S00013	新华成语词典	20	6.896551724	4	1
	新华成语词典 汇总	20			
20200Y00016	维他柠檬茶（250mL）	27	17.06970128	3	2
20200Y00016	维他柠檬茶（250mL）	25			
	维他柠檬茶（250mL）汇总	52			
20200Y00015	农夫山泉茶派柠檬红茶（500mL）	18	17.06970128	3	1
	农夫山泉茶派柠檬红茶（500mL）汇总	18			
20200S00017	成语大词典（彩色本）	30	6.41025641	3	2
	成语大词典（彩色本）汇总	30			
	总计	144			

图 4-7

第四步：计算组托数，码垛层数乘以每层码垛数量的值与入库量进行对比，得出组托数，计算结果如图 4-8 所示。

商品名称	数量（入库量）（箱）	每层码垛数量（箱）	码垛层数	组托数
新华字典	24	6.896551724	4	1
新华字典 汇总	24			
新华成语词典	20	6.896551724	4	1
新华成语词典 汇总	20			
维他柠檬茶（250mL）	27	17.06970128	3	2
维他柠檬茶（250mL）	25			
维他柠檬茶（250mL）汇总	52			
农夫山泉茶派柠檬红茶（500mL）	18	17.06970128	3	1
农夫山泉茶派柠檬红茶（500mL）汇总	18			
成语大词典（彩色本）	30	6.41025641	3	2
成语大词典（彩色本）汇总	30			

图 4-8

第五步：结合移库结果，确定入库货位，结果如图 4-9 所示。

序号	商品条码	商品名称	包装规格（mm）	入库量（箱）	码垛层数	组托数	入库货位
1	20200S00008	新华字典	580×300×220	24	4	1	B000102
2	20200S00013	新华成语词典	580×300×200	20	4	1	B000002
3	20200Y00016	维他柠檬茶（250mL）	370×190×270	51	3	1	A000300
4	20200Y00016	维他柠檬茶（250mL）	370×190×270	1	3	1	A000301
5	20200Y00015	农夫山泉茶派柠檬红茶（500mL）	370×190×270	18	3	1	A000302
6	20200S00017	成语大词典（彩色本）	480×390×290	18	3	1	B000003
7	20200S00017	成语大词典（彩色本）	480×390×290	12	3	1	?

图 4-9 货物组托入库作业计划表

任务5 出库作业计划

出库作业计划分为托盘区和电子拣选区，需要在出库订单中对整箱货物和零散货物进行分类合并，整箱货物从托盘区出库，零散货物从电子拣选区出库。

5.1 例题分析

如图 5-1 至图 5-4，已知出库订单，结合前面移库、入库结果，完成出库作业计划。

出库通知单 1

发货库房：广厦物流股份有限公司库房　　客户：S 市联华超市有限公司
收货单位：联华超市（文静路店）　　　　出库日期：2021-01-01
客户指令号：20201220X101

商品条码	商品名称	单位	数量
20200S00007	英汉双解词典	箱	2
20200S00007	英汉双解词典	本	3
20200Y00019	依能蓝莓黑水果味饮料（500mL）	瓶	2
20200Y00010	维他灌装柠檬茶（310mL）	瓶	5

图 5-1

出库通知单 2

发货库房：广厦物流股份有限公司库房　　客户：S 市联华超市有限公司
收货单位：联华超市（清明路店）　　　　出库日期：2021-01-01
客户指令号：20201220X102

商品条码	商品名称	单位	数量
20200S00007	英汉双解词典	箱	2
20200S00003	中华成语词典	箱	2
20200S00013	新华成语词典	本	5
20200Y00001	恒大冰泉矿泉水（2.5L）	瓶	4
20200Y00015	农夫山泉茶派柠檬红茶（500mL）	瓶	2

图 5-2

出库通知单 3

发货库房：广厦物流股份有限公司库房　　　　客户：S 市联华超市有限公司
收货单位：联华超市（顺水路店）　　　　　　出库日期：2021-01-01
客户指令号：20201220X103

商品条码	商品名称	单位	数量
20200S00008	新华字典	本	6
20200Y00010	维他灌装柠檬茶（310mL）	瓶	1
20200Y00001	恒大冰泉矿泉水（2.5L）	瓶	2
20200S00007	英汉双解词典	本	4

图 5-3

出库通知单 4

发货库房：广厦物流股份有限公司库房　　　　客户：S 市联华超市有限公司
收货单位：联华超市（谷雨路店）　　　　　　出库日期：2021-01-01
客户指令号：20201220X104

商品条码	商品名称	单位	数量
20200S00003	中华成语词典	箱	15
20200S00011	成语大字典	本	1
20200Y00010	维他灌装柠檬茶（310mL）	瓶	3
20200Y00001	恒大冰泉矿泉水（2.5L）	瓶	2

图 5-4

5.2　作业计划

5.2.1　托盘货架区出库作业计划

按照商品名称进行汇总，结果如图 5-5 至图 5-6 所示。

出库单 1						
商品名称	中华成语词典					
序号	收货客户	出货货位	月台	单位	出库数量	备注
1	S市联华超市有限公司联华超市（谷雨路店）	B000202	发货区	箱	15	
2	S市联华超市有限公司联华超市（清明路店）	B000202	发货区	箱	2	
合计					17	

图 5-5

出库单 2						
商品名称	英汉双解词典					
序号	收货客户	出货货位	月台	单位	出库数量	备注
1	S市联华超市有限公司联华超市（文静路店）	B000203	发货区	箱	2	
2	S市联华超市有限公司联华超市（清明路店）	B000203	发货区	箱	2	
合计					4	

图 5-6

5.2.2 电子拣选区出库作业计划

按照客户名称对零散商品进行汇总，结果如图 5-7 至 5-10。

出库单 1					
客户名称	S市联华超市有限公司 联华超市（文静路店）				
序号	商品名称	出库储位	单位	计划出库量	实际出库量
1	英汉双解词典	C000003	本	3	
2	依能蓝莓黑水果味饮料（500mL）	C000018	瓶	2	
3	维他灌装柠檬茶（310mL）	C000009	瓶	5	

图 5-7

出库单 2

客户名称	S市联华超市有限公司		联华超市（清明路店）	
序号	商品名称	出库储位	单位	计划出库量	实际出库量
1	新华成语词典	C000012	本	5	
2	恒大冰泉矿泉水（2.5L）	C000000	瓶	4	
3	农夫山泉茶派柠檬红茶（500mL）	C000014	瓶	2	

图 5-8

出库单 3

客户名称	S市联华超市有限公司		联华超市（顺水路店）	
序号	商品名称	出库储位	单位	计划出库量	实际出库量
1	新华字典	C000007	本	6	
2	维他灌装柠檬茶（310mL）	C000009	瓶	1	
3	恒大冰泉矿泉水（2.5L）	C000000	瓶	2	
4	英汉双解词典	C000003	本	4	

图 5-9

出库单 4

客户名称	S市联华超市有限公司		联华超市（谷雨路店）	
序号	商品名称	出库储位	单位	计划出库量	实际出库量
1	成语大字典	C000010	本	1	
2	维他灌装柠檬茶（310mL）	C000009	瓶	3	
3	恒大冰泉矿泉水（2.5L）	C000000	瓶	2	

图 5-10

任务6　补货作业计划

补货作业主要应包括：确定所需补充的货物，领取商品，做好上架前的各种打理、准备工作，补货上架。补货的方式主要有整箱补货、托盘补货'、货架上层—货架下层的补货方式。目前讨论的主要是电子货架区的零散商品补货，需要结合出库数量、补货点来确定补货的商品。

例题解析

如图6-1，已知电子拣选区初始库存信息，结合前面的出库计划，完成补货作业计划。

储位编码	商品条码	商品名称	数量（箱）	补货点	单位	箱装数
C000000	20200Y00001	恒大冰泉矿泉水（2.5L）	10	3	瓶	10
C000001	20200Y00002	维他柠檬茶（2.5L）	9	5	瓶	10
C000002	20200S00003	中华成语词典	10	4	本	12
C000003	20200S00004	英汉双解词典	10	4	本	12
C000004	20200Y00005	依云矿泉水（1.25L）	9	4	瓶	10
C000005	20200S00006	英汉大词典	10	5	本	12
C000006	20200S00007	英汉汉英词典	11	6	本	12
C000007	20200S00008	新华字典	9	4	本	12
C000008	20200Y00009	百岁山矿泉水（5L）	10	6	瓶	10
C000009	20200Y00010	维他灌装柠檬茶（310mL）	15	7	瓶	10
C000010	20200S00011	成语大字典	9	4	本	12
C000011	20200S00012	古代汉语词典	8	5	本	12
C000012	20200S00013	新华成语词典	10	4	本	12
C000013	20200Y00014	依云矿泉水（5L）	10	5	瓶	10
C000014	20200Y00015	农夫山泉茶派柠檬红茶（500mL）	9	6	瓶	10
C000015	20200Y00016	维他柠檬茶（250mL）	9	5	瓶	10
C000016	20200S00017	成语大词典（彩色本）	10	7	本	12
C000017	20200Y00018	依云矿泉水（2.5L）	9	3	瓶	10
C000018	20200Y00019	依能蓝莓黑水果味饮料（500mL）	10	7	瓶	10

图6-1

计算步骤：

第一步：结合出库订单，计算出电子货架区商品的库存量，库存量=初始数量-出库量，计算结果如图 6-2 所示。

商品条码	商品名称	数量	补货点	单位	出库数量	库存量
20200S00003	中华成语词典	10	4	本		10
20200S00004	英汉双解词典	10	4	本	7	3
20200S00007	英汉汉英词典	11	6	本		11
20200S00006	英汉大词典	10	5	本		10
20200Y00014	依云矿泉水（5L）	10	5	瓶		10
20200Y00018	依云矿泉水（2.5L）	9	3	瓶		9
20200Y00005	依云矿泉水（1.25L）	9	4	瓶		9
20200Y00019	依能蓝莓黑水果味饮料（500mL）	10	7	瓶	2	8
20200S00008	新华字典	9	4	本	6	3
20200S00013	新华成语词典	10	4	本	5	5
20200Y00016	维他柠檬茶（250mL）	9	5	瓶		9
20200Y00002	维他柠檬茶（2.5L）	9	5	瓶		9
20200Y00010	维他灌装柠檬茶（310mL）	15	7	瓶	9	6
20200Y00015	农夫山泉茶派柠檬红茶（500mL）	9	6	瓶	2	7
20200Y00001	恒大冰泉矿泉水（2.5L）	10	3	瓶	8	2
20200S00012	古代汉语词典	8	5	本		8
20200S00011	成语大字典	9	4	本	1	8
20200S00017	成语大词典（彩色本）	10	7	本		10
20200Y00009	百岁山矿泉水（5L）	10	6	瓶		10

图 6-2

第二步：判断是否需要补货，如果库存量小于补货点则需要补货，大于等于补货点都不需要补货。

第三步：确定补货数量，补货数量=补货点-库存数量，结果如图 6-3、图 6-4 所示。

商品名称	数量	补货点	单位	出库数量	库存量	补货数量
英汉双解词典	10	4	本	7	3	1
新华字典	9	4	本	6	3	1
维他灌装柠檬茶（310mL）	15	7	瓶	9	6	1
恒大冰泉矿泉水（2.5L）	10	3	瓶	8	2	1

图 6-3

序号	商品条码	商品名称	出库货位	单位	补货箱数	补货储位
1	20200S00004	英汉双解词典	B000203	本	1	C000003
2	20200S00008	新华字典	B000101	本	1	C000007
3	20200Y00010	维他灌装柠檬茶（310mL）	A000200	瓶	1	C000009
4	20200Y00001	恒大冰泉矿泉水（2.5L）	A000100	瓶	1	C000000

图 6-4

任务7 盘点作业计划

例题解析

结合前面入库、出库计划，完成托盘货架区的盘点作业。期末库存数量=期初库存数量+入库数量-出库数量，结果如表7-1所示。

表7-1 库存盘点表

序号	商品条码	商品名称	储位	库存量	单位	备注
1	20200Y00014	依云矿泉水（5L）	A000000	37	箱	
2	20200Y00005	依云矿泉水（1.25L）	A000001	50	箱	
3	20200S00013	新华成语词典	B000000	51	箱	
4	20200S00017	成语大词典（彩色本）	B000001	53	箱	
5	20200Y00001	恒大冰泉矿泉水（2.5L）	A000100	51	箱	
6	20200Y00002	维他柠檬茶（2.5L）	A000101	48	箱	
7	20200Y00018	依云矿泉水（2.5L）	A000102	15	箱	
8	20200Y00009	百岁山矿泉水（5L）	A000103	47	箱	
9	20200S00012	古代汉语词典	B000100	19	箱	
10	20200S00008	新华字典	B000101	41	箱	
11	20200S00007	英汉汉英词典	B000200	15	箱	
12	20200S00011	成语大字典	B000201	23	箱	
13	20200S00003	中华成语词典	B000202	5	箱	
14	20200S00004	英汉双解词典	B000203	7	箱	
15	20200S00006	英汉大词典	B000300	5	箱	
16	20200Y00010	维他灌装柠檬茶（310mL）	A000200	20	箱	
17	20200Y00015	农夫山泉茶派柠檬红茶（500mL）	A000201	9	箱	
18	20200Y00019	依能蓝莓黑水果味饮料（500mL）	A000202	10	箱	
19	20200Y00016	维他柠檬茶（250mL）	A000203	58	箱	

任务 8　配送作业

通过合并市内配送的订单信息，相互比较每个配送点的配送重量，结合配送车辆的额定重量，制订配送方案。

例题解析

如图 8-1 至图 8-5，已知配送订单和某公司的运力信息，针对配送货物暂存区货物，根据公司运力信息（不考虑体积因素），结合配送作业订单信息，完成配送作业计划。

司机	车辆编号	额定吨位（t）	车辆类型	用途
孙红雷	S23081	1	微型	市内配送
吴大鹏	S27542	2	小型	市内配送

图 8-1

配送订单 1

客户指令号	20201220X101	客户名称	联华超市（文静路店）	紧急程度	一般
库房	广厦物流股份有限公司库房	配送类型	正常配送	是否送货	是
收货人	徐明	收货地址	S 市京华区文静路 24 号		
配送时间		2021 年 01 月 01 日			
商品编码	商品名称	包装规格（mm）	总重量（kg）	数量	批号	备注
20200S00007	英汉双解词典	/	1100	200 箱	/	/
20200Y00019	依能蓝莓黑水果味饮料（500mL）	/	1550	300 箱	/	/
20200Y00010	维他灌装柠檬茶（310mL）	/	2340	450 箱	/	/

图 8-2

配送订单 2

客户指令号	20201220X102	客户名称	联华超市（清明路店）	紧急程度	一般
库房	广厦物流股份有限公司库房	配送类型	正常配送	是否送货	是
收货人	李平	收货地址	S市明路区清明路43号		
出库时间	2021年01月01日				
商品编码	商品名称	包装规格（mm）	总重量（kg）	数量	批号	备注
20200S00007	英汉双解词典	/	1220	250箱	/	/
20200Y00015	农夫山泉茶派柠檬红茶（500mL）	/	2520	500箱	/	/

图 8-3

配送订单 3

客户指令号	20201220X103	客户名称	联华超市（顺水路店）	紧急程度	一般
库房	广厦物流股份有限公司库房	配送类型	正常配送	是否送货	是
收货人	孙斌	收货地址	S市京华区顺水路78号		
出库时间	2021年01月01日				
商品编码	商品名称	包装规格（mm）	总重量（kg）	数量	批号	备注
20200S00008	新华字典	/	2100	400箱	/	/

图 8-4

配送订单 4

客户指令号	20201220X104	客户名称	联华超市（谷雨路店）	紧急程度	一般
库房	广厦物流股份有限公司库房	配送类型	正常配送	是否送货	是
收货人	王林	收货地址	S市湖滨区谷雨路99号		
出库时间	2021年01月01日				
商品编码	商品名称	包装规格（mm）	总重量（kg）	数量	批号	备注
20200S00003	中华成语词典	/	800	158箱	/	/

图 8-5

计算步骤：

第一步：汇总每个配送订单的货物重量和数量。

第二步：依据总重量和配送车辆的额定吨位，选择合适的车辆。

第三步：确定配送次数。最后结果如图 8-6 所示。

序号	收货客户名称	收货客户地址	配送车辆额定吨位（t）	配送货物总箱数（箱）	配送货物总重量（kg）	最小配送次数
1	联华超市（文静路店）	S 市京华区文静路 24 号	2	50	3890	2
2	联华超市（清明路店）	S 市明路区清明路 43 号	2	750	3740	2
3	联华超市（顺水路店）	S 市京华区顺水路 78 号	2	400	2100	2
4	联华超市（谷雨路店）	S 市湖滨区谷雨路 99 号	1	158	800	1

图 8-6

任务9 运输作业计划

9.1 节约里程法原理

配送中心出于成本考虑，其自有车辆或租用车辆的载重或容积资源会受到限制，既要满足客户货物配送要求，又要追求让车辆载重或容积资源发挥最大效益，尽量减少行驶里程，降低成本。节约里程法比较适合解决此类问题。

节约里程法的基本原理参见图9-1。

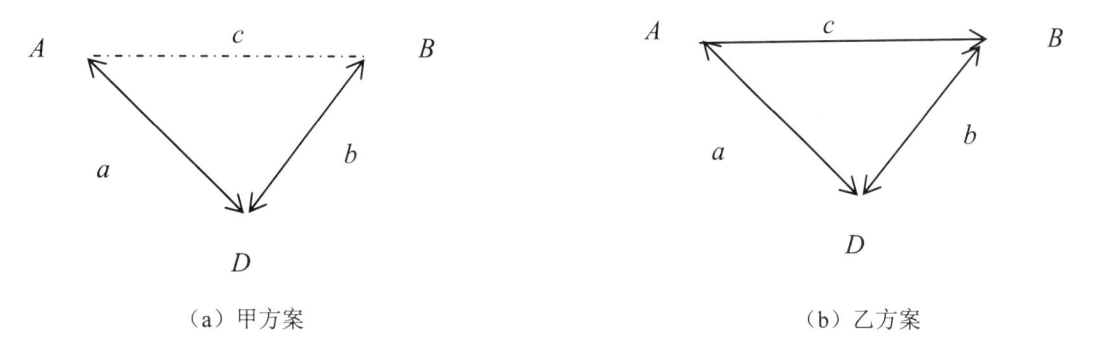

（a）甲方案　　　　　　　　　　　　　（b）乙方案

图 9-1

如配送中心 D 有两个配送客户 A 和 B，D 到 A 和 B 的距离分别为 a 和 b，A 和 B 之间的距离为 c。若一辆车的载重能同时满足 A 和 B 两客户的货物要求，现有甲、乙两个配送线路方案，甲方案为一辆车按 $D\rightarrow A\rightarrow D\rightarrow B\rightarrow D$ 线路行驶，总里程为 $L_1=2a+2b$，乙方案为该辆车按 $D\rightarrow A\rightarrow B\rightarrow D$ 线路行驶，总里程为 $L_2=a+b+c$，比较两个方案的里程差异为：$L_1-L_2=a+b-c>0$（三角形两边长之和大于第三边长），即乙方案节约里程。节约里程法就是利用这一原理，结合车辆载重情况制订和优化配送线路，充分挖掘车辆载重资源，尽量减少里程，节约成本。

9.2 例题解析

某配送中心 P 向 10 个客户 A，B，C，…，J 配送货物，其配送网络如图 9-2 所示。图中括号内的数字表示客户的需求量（t），线路上的数字表示两节点之间的距离（km）。配送中心有载重 2t 和 4t 两种车辆可供使用，用节约里程法制订最优的配送方案。

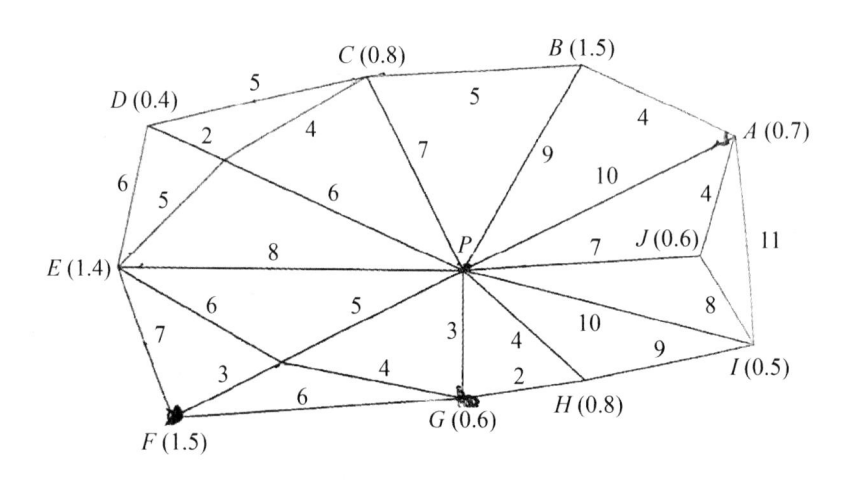

图 9-2

计算步骤：

第一步：计算网络节点之间的最短距离，如表 9-1 所示。

表 9-1 节点之间的最短距离   单位：km

	P	A	B	C	D	E	F	G	H	I	J
P	—	10	9	7	8	8	8	3	4	10	7
A	—	—	4	9	14	18	18	13	14	11	4
B	—	—	—	4	10	14	17	12	13	15	8
C	—	—	—	—	5	9	15	10	11	17	13
D	—	—	—	—	—	6	13	11	12	18	15
E	—	—	—	—	—	—	7	10	12	18	15
F	—	—	—	—	—	—	—	6	8	17	15
G	—	—	—	—	—	—	—	—	2	11	10
H	—	—	—	—	—	—	—	—	—	9	11
I	—	—	—	—	—	—	—	—	—	—	8
J	—	—	—	—	—	—	—	—	—	—	—

第二步：计算各节点之间的节约里程，如表 9-2 所示。

表 9-2　节点之间的节约里程　　　　　　　　　　　　　　　　　　　　单位：km

	A	B	C	D	E	F	G	H	I	J
A	—	15	8	4	0	0	0	0	9	13
B	—	—	11	7	3	0	0	0	4	8
C	—	—	—	10	6	0	0	0	0	1
D	—	—	—	—	10	3	0	0	0	0
E	—	—	—	—	—	9	1	0	0	0
F	—	—	—	—	—	—	5	4	1	0
G	—	—	—	—	—	—	—	5	2	0
H	—	—	—	—	—	—	—	—	5	0
I	—	—	—	—	—	—	—	—	—	9
J	—	—	—	—	—	—	—	—	—	—

第三步：按节约里程大小排序，如表 9-3 所示。

表 9-3　节约里程排序

顺序	连线	节约里程/km
1	A—B	15
2	A—J	13
3	B—C	11
4	C—D	10
5	D—E	10
6	A—I	9
7	E—F	9
8	I—J	9
9	A—C	8
10	B—J	8
11	B—D	7
12	C—E	6
13	F—G	5
14	G—H	5
15	H—I	5
16	A—D	4
17	B—I	4
18	F—H	4
19	B—E	3
20	D—F	3
21	G—I	2
22	C—J	1

第四步：根据节约里程安排配送线路，如图 9-3 所示。

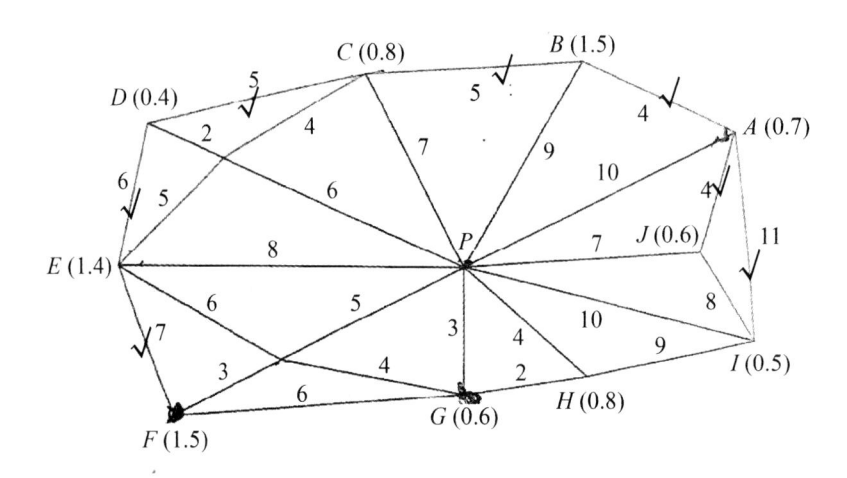

图 9-3 配送方案

配送线路 1：$P-J-A-B-C-P$，使用一辆 4t 车，送货量 3.6t，运距 27km。
配送线路 2：$P-D-E-F-G-P$，使用一辆 4t 车，送货量 3.9t，运距 30km。
配送线路 3：$P-H-I-P$，使用一辆 2t 车，送货量 1.3t，运距 23km。
配送总运距：80km。
配送使用车辆载重：一辆 2t 车，两辆 4t 车。

第二阶段 现场实操(系统+手持操作)

实操 1 移库作业

1.1 移库作业单录入

(1)信息员打开 IE 浏览器,输入账号:1,密码:1,登录 Logis 现代物流综合作业系统,如图 1-1 所示。

图 1-1

(2)进入 Logis 现代物流综合作业系统后,选择【仓储管理】,出现订单处理页面,如图 1-2 所示。

图 1-2

（3）点击【移库作业单】进入页面，如图 1-3 所示。

图 1-3

（4）点击【新增】按钮新增移库作业单，如图 1-4 所示。

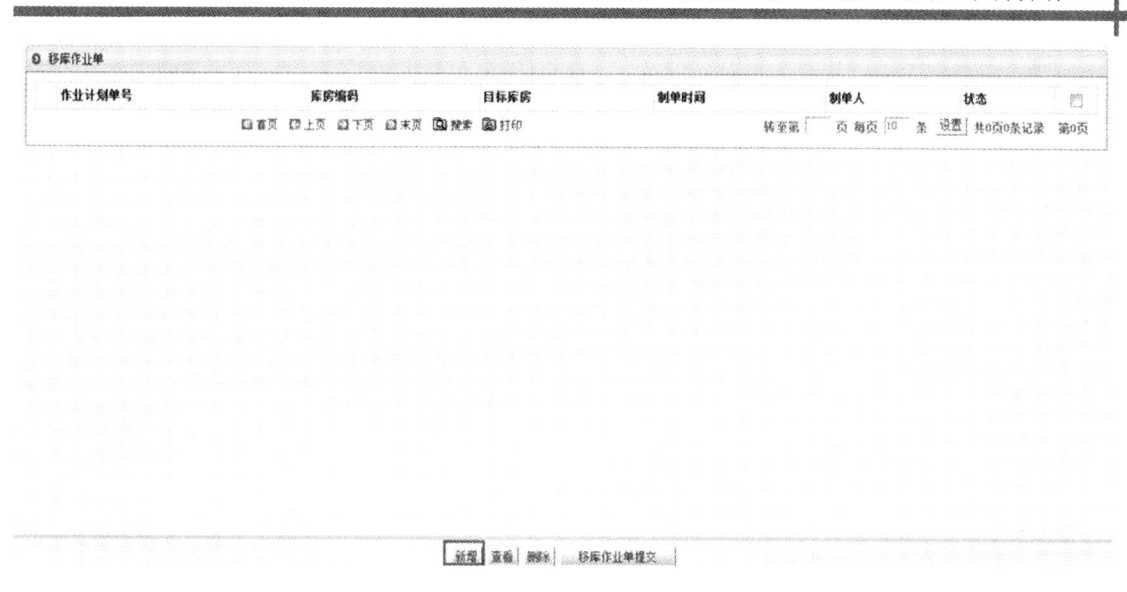

图 1-4

（5）在"从库房"里选择实训库房，在"移至库房"里选择实训库房，在"源库位"列表中点击相应的库位和货物，加入到"目标库位"列表中，在"目标库位"列表中为其选择目标储位，点击左下角的【保存】按钮，如图 1-5 所示。

图 1-5

（6）勾选刚刚新增的移库作业单，点击【移库作业单提交】按钮，显示作业计划单提交成功，如图1-6、图1-7所示。

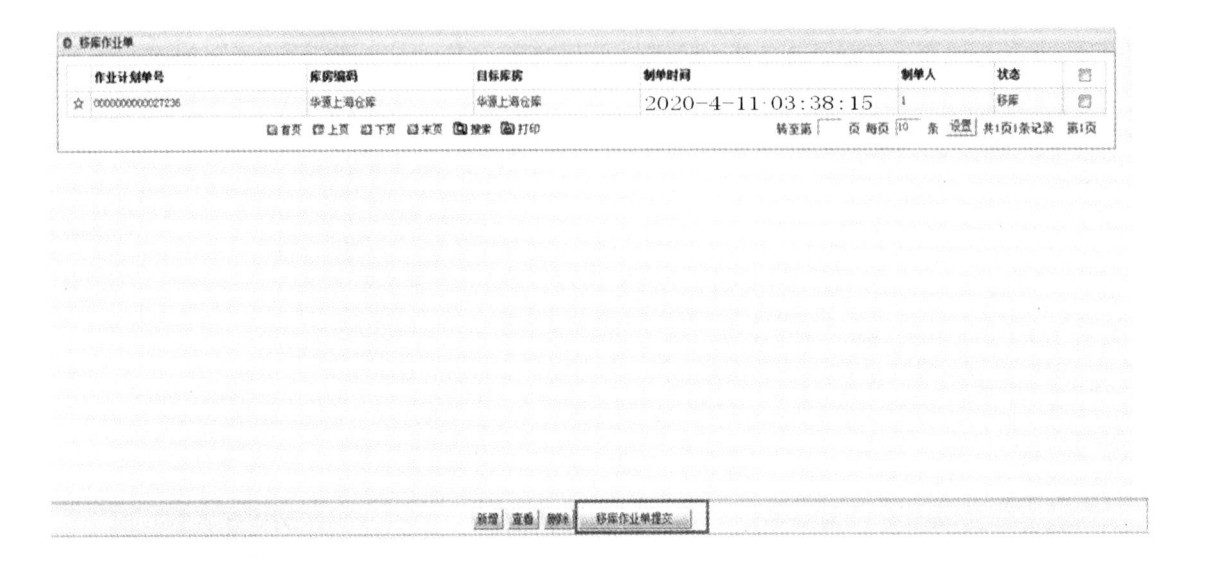

图1-6

图1-7

1.2　移库作业手持操作

（1）叉车手登录手持系统后，点击【补货/出库作业】按钮，点击【移库作业】按钮，进入到移库作业界面，如图1-8至图1-10所示。

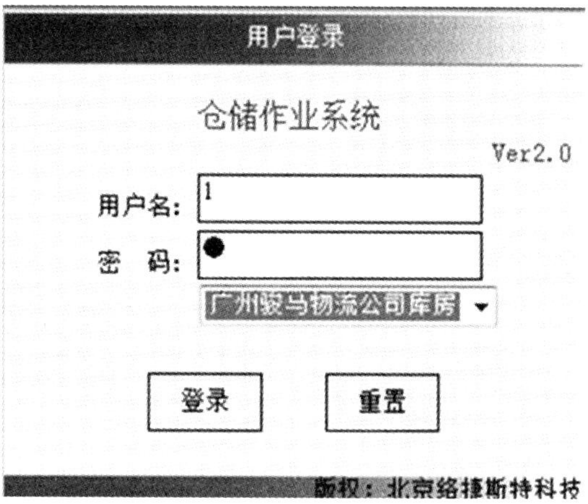

图 1-8

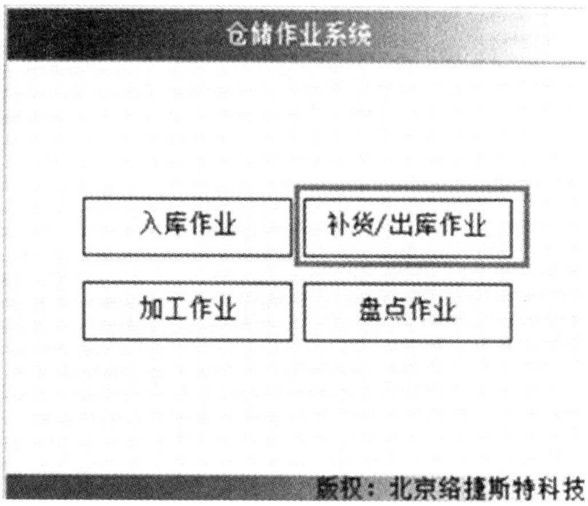

图 1-9

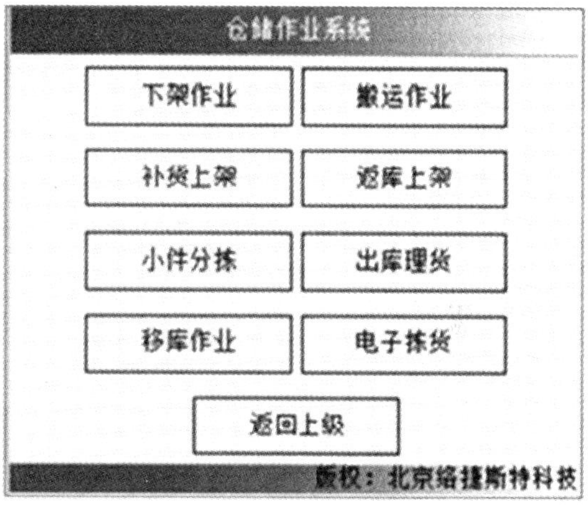

图 1-10

（2）在移库作业界面下方可以看见要移库的货品名称、托盘标签、源储位和目标储位。

叉车手驾驶叉车到要移库的储位前，扫描托盘标签后按【Enter】键，系统自动显示出货品名称、数量、源储位和目标储位。根据提示扫描源储位、目标储位，点击【确定】按钮，将货物从源储位移至目标储位，完成指定货物的移库。

循环操作，直至所有货物移库完成，如图 1-11 至图 1-13 所示。

图 1-11

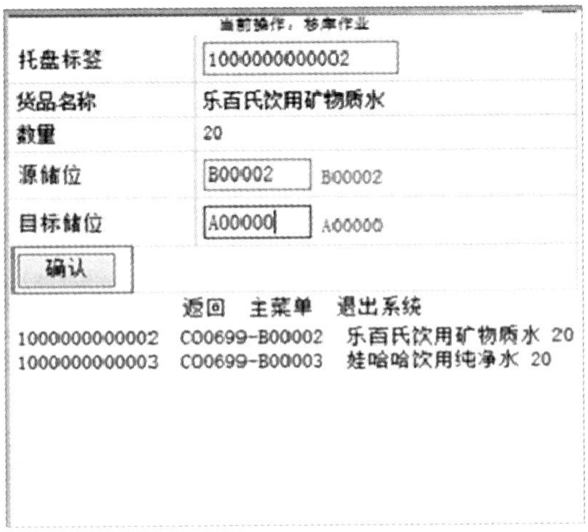

图 1-12

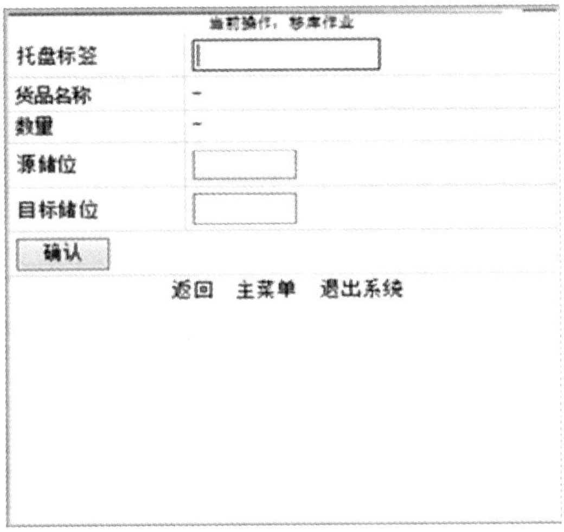

图 1-13

实操 2 入库作业

2.1 正常货物入库，无须取货

2.1.1 入库订单录入

（1）信息员打开 IE 浏览器，输入账号：1，密码：1，登录 Logis 现代物流综合作业系统，如图 2-1 所示。

图 2-1

（2）进入 Logis 现代物流综合作业系统后，选择【仓储管理】，进入订单处理页面，如图 2-2 所示。

图 2-2

（3）点击【入库订单】进入页面，如图 2-3 所示。

图 2-3

（4）点击【新增】按钮新增入库订单，如图 2-4 所示。

第二阶段　现场实操（系统+手持操作）

图 2-4

（5）进入订单录入界面，按照题目信息，分别录入订单信息、订单入库信息和订单货品信息，录入完成后点击【保存订单】，完成入库订单录入，如图 2-5 至图 2-7 所示。

图 2-5

图 2-6

图 2-7

（6）勾选刚刚新增的入库单，点击【生成作业计划】，检查订单信息是否有误，确认无误再点击【确认生成】，入单订单提交成功，如图 2-8、图 2-9 所示。

图 2-8

图 2-9

2.1.2 入库订单打印

（1）返回仓储管理页面，选择【入库单打印】，进入单据打印页面，选中要打印的一条信息，点击【打印】按钮。在入库单打印预览界面再次点击【打印】按钮，完成入库订单打印，如图 2-10 至图 2-12 所示。

图 2-10

图 2-11

打印

入 库 单

000000000165

库房名称：骏马物流公司库房　应收总数：5.0　实收总数：　是否取货：否

客户名称：广州沃尔商业有限公司　客户指令号：JM2018050005　录入时间：2020-04-23

货品名称	货品条码	规格	单位	应收	实收	批号	备注
清风原木纯品	6928966555599		箱	5		20200322002	堆码限高三层

信息员（签字）：_____________　仓管员（签字）：_____________　送货人（签字）：_____________

第一联（白联）：送货人留存　第二联（红联）：仓库留存　第三联（黄联）：仓管员留存

图 2-12

2.1.3 入库作业手持操作

（1）入库理货开始。

操作员在托盘存放区取一空托盘，搬至收货区，检查验货后，将入库货物整齐、规范码放在托盘上，准备搬运。如货物已经整齐码好，无须理货，即可准备搬运。

操作员登录手持系统后，点击【入库作业】按钮，进入入库作业功能页面，点击【入库理货】按钮、点击【理货】按钮进入待理货界面。扫描要理货的货品条码，扫描托盘标签号，按【Enter】键，系统自动显示货品名称、相应的批号和数量等，提示此货品应该存放到托盘货架区，点击【保存结果】按钮，完成入库货物的理货操作，如图 2-13 至图 2-17 所示。

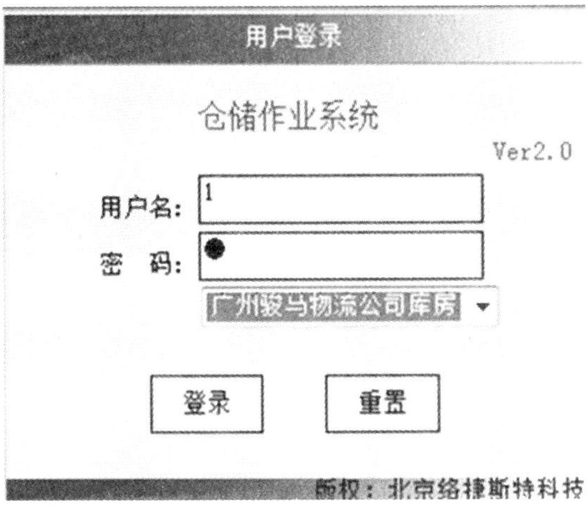

图 2-13

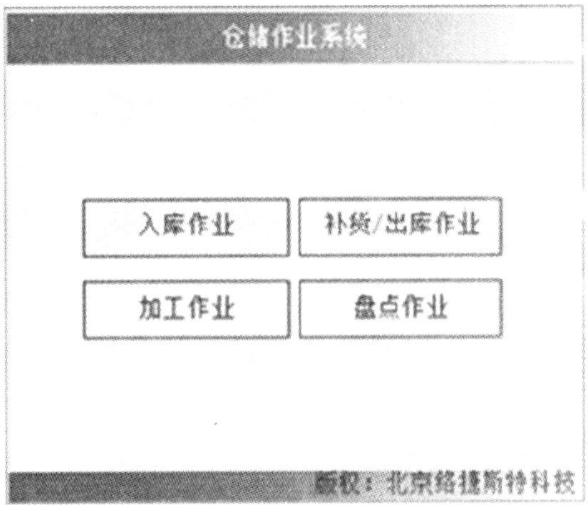

图 2-14

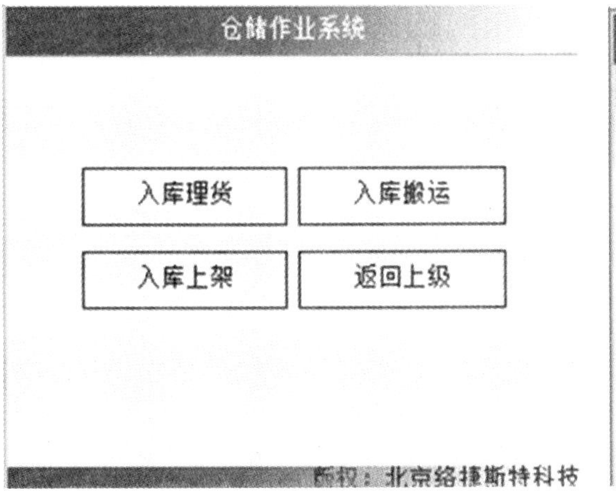

图 2-15

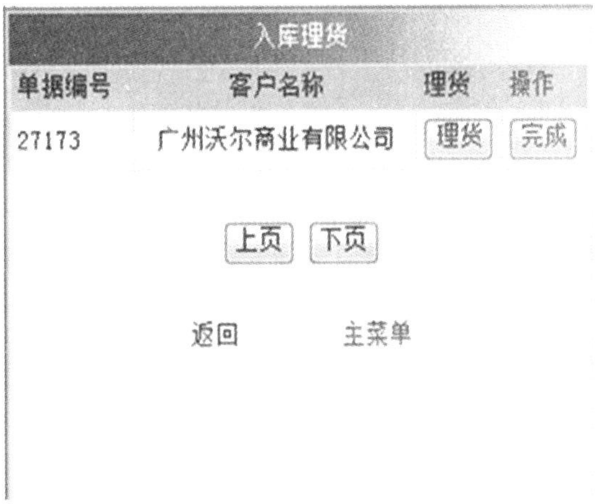

图 2-16

图 2-17

（2）入库搬运。

操作员将手动托盘搬运车（地牛）从设备存放区取出，拉至收货区，对入库理货完毕的托盘货物进行入库搬运操作，将托盘货物搬运至托盘货架区前面的托盘交接区，等待叉车手入库上架。

操作员登录手持系统后，点击【入库搬运】按钮，进入入库搬运页面，查看下面的任务列表中需要作业的任务。扫描托盘标签号，按【Enter】键，系统自动显示货品名称、数量和搬运到达地点，点击【确认搬运】完成该托盘的搬运工作。

循环操作，直至搬运所有的待搬运托盘，完成入库搬运操作。

如图 2-18 至图 2-20 所示。

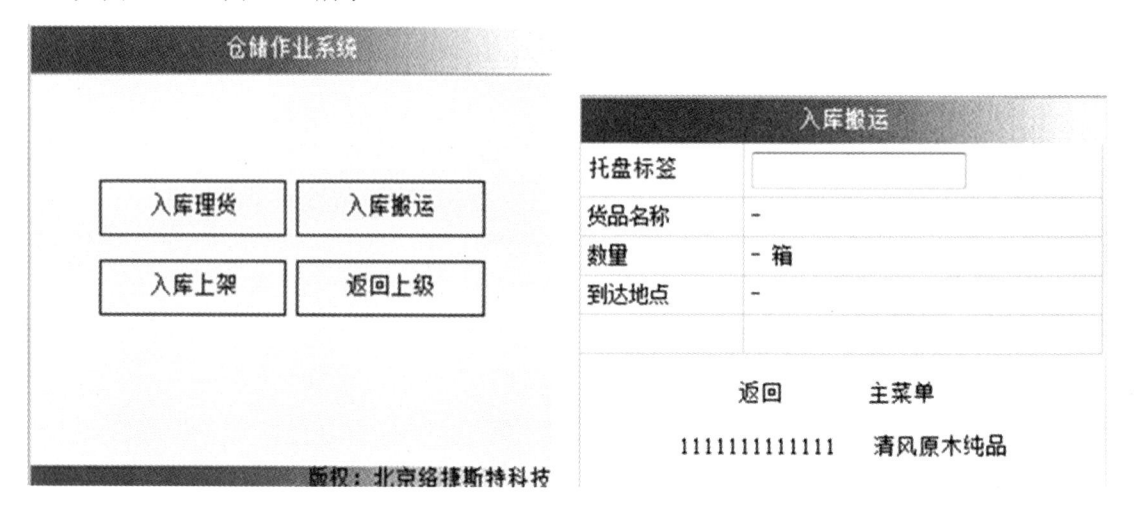

图 2-18　　　　　　　　　　　　图 2-19

图 2-20

（3）入库上架。

叉车手驾驶叉车至托盘货架区前面的托盘交接区，使用手持扫描托盘标签，根据手持信息，将托盘货物上架至指定储位。循环操作，直至上架完所有的待工作托盘货物，完成入库上架操作。

叉车手登录手持系统后，点击【入库上架】按钮，进入入库搬运页面，查看下面的任务列表中需要作业的任务。扫描待上架的托盘标签，按【Enter】键，系统自动显示货品名称、批号、数量和所要上架的储位，点击【确认上架】完成该托盘的上架工作。循环操作，直至上架完所有的待工作托盘，完成入库上架操作。

注意：扫描上架的储位时，扫描的储位必须与系统分配的储位（图 2-23 中所示红色的信息）相同，否则不允许上架。

如图 2-21 至图 2-23 所示。

图 2-21　　　　　　　　　　　　　　　图 2-22

图 2-23

（4）入库理货完成。

叉车手将所有上架任务操作完成后，登录手持系统，再次点击【入库理货】进入操作界面，点击列表中的【完成】按钮，结束该入库订单任务，至此，入库作业完成，如图2-24、图2-25所示。

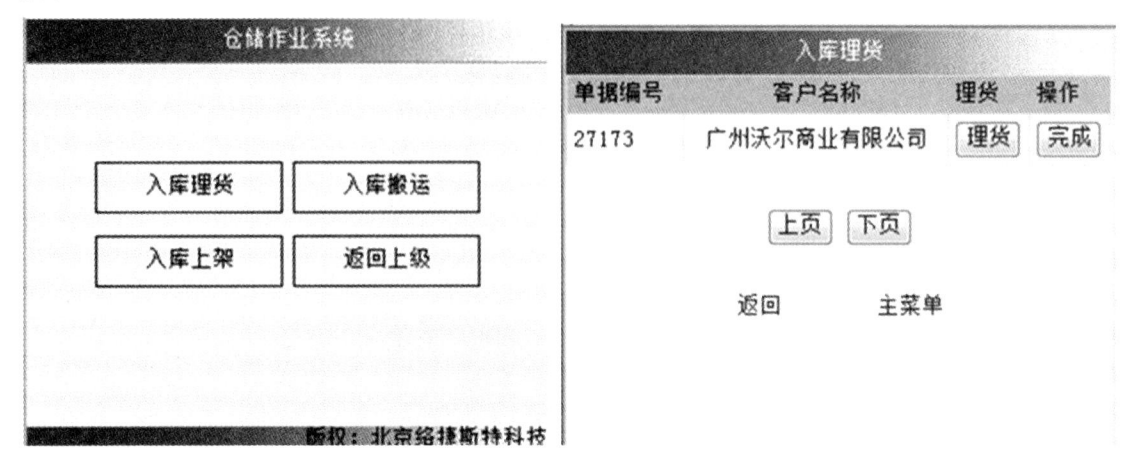

图 2-24

图 2-25

2.2　先取货，后入库

2.2.1　取货单录入

（1）信息员打开IE浏览器，输入账号：1，密码：1，登录Logis现代物流综合作业系统，如图2-26所示。

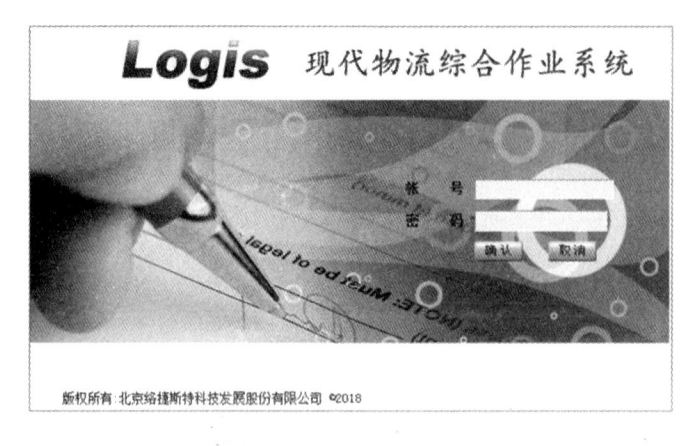

图 2-26

（2）进入 Logis 现代物流综合作业系统后，选择【运输管理】，出现订单处理页面，点击【取/送货单】按钮，如图 2-27 所示。

图 2-27

（3）点击【新增】按钮新增取货单，如图 2-28 所示。

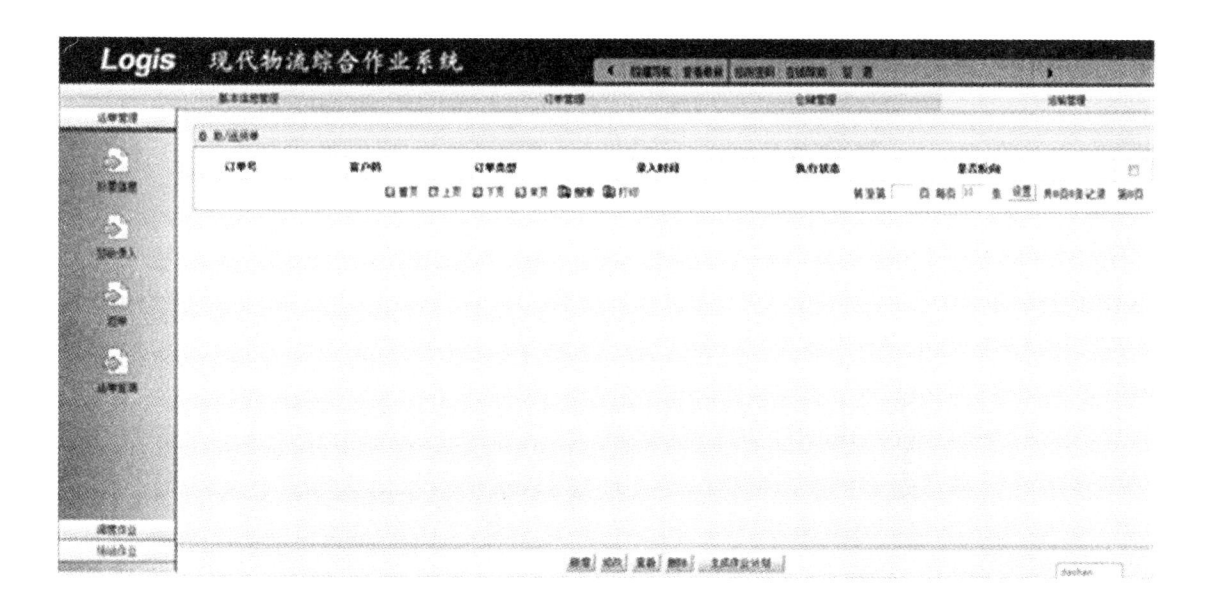

图 2-28

（4）进入订单录入界面，业务类型选择"取货"，按照题目信息，录入相应的订单信息，录入完成后点击【保存订单】，完成取货单录入，如图 2-29 所示。

图 2-29

（5）勾选刚刚新增的取货单，点击【生成作业计划】，完成取货单的录入，如图 2-30 所示。

图 2-30

2.2.2 运单打印

（1）返回运输管理界面，在系统中点击【单据打印】按钮，进入单据打印页面，如图 2-31 所示。

图 2-31

（2）选择刚刚录入好的取货单的运单，然后点击【运单打印】按钮，如图2-32所示。

图 2-32

（3）在运单打印预览页面确认信息无误后，点击【打印】按钮，完成运单打印，如图2-33所示。

图 2-33

2.2.3 取派调度和取派通知单打印

（1）返回运输管理界面，在系统中点击【取/派调度】按钮，进入取派调度页面，如图2-34所示。

图 2-34

（2）点击【新增取派调度单】按钮，录入车辆、司机等取派调度单所需的信息，并点击【保存】，如图 2-35、图 2-36 所示。

图 2-35

图 2-36

（3）在调度页面中，点击绿色箭头，对待取货的运单进行取派调度，调度完成后点击【提交】按钮完成调度，如图 2-37 所示。

图 2-37

（4）在取派调度页面，点击【打印】按钮，进入取派通知单预览页面，打印取派通知单，如图 2-38 所示。

打印

取(派)通知单

单号		TD0010435		操作站		上海	
资源	车辆	粤A5▇▇		车型			
	司机	王▇		预计发车时间		2020-04-23	
总数量		30.0件	总重量	35.2kg	总体积	0.852 m³	

客户信息

订单/运单号	顺序号	客户	地址	电话	姓名	类型
1400001805004	1	沃尔超市(东华店)	广州市东华东路▇▇	020-65▇▇	张▇	在派
0000000000035	2	沃尔超市(广茂店)	广州大道南▇▇	020-63▇▇	刘▇	在派
1400001805001	3	沃尔超市(东风店)	广州市越秀区▇▇	020-78▇▇	王▇	在派
0000000000036	4	广州智库图书有限公司	广州市番禺区民安路▇	156▇▇	邓▇	在取
0000000000034	5	广州沃尔商业有限公司	广州市番禺区▇▇	136▇▇	赵▇	在取

货品信息

订单/运单号	货品名称	件数(件)	重量(kg)	体积(m³)	备注
1400001805004	签字笔	10	4	0.061	
0000000000035	康师傅包装饮用水	2	0.2	0.08	
0000000000035	农夫山泉矿泉水	1	0.5	0.112	
0000000000035	脉动维生素饮料	2	3.6	0.117	
0000000000035	百岁山天然矿泉水	2	0.5	0.112	
0000000000035	康师傅冰红茶	1	0.2	0.08	
0000000000035	幸福时光卷筒纸	2	0.2	0.08	

图 2-38

2.2.4 取货手持操作

（1）车辆出站。

操作员拿到运单和取派通知单后，从设备存放区取出手动托盘搬运车（地牛），将取派车辆存放区的笼车叉起来，取货车辆出站前往客户区进行取货操作。

操作员登录手持系统后，点击【运输作业】按钮，选择【取/派出站】，点击相应的取派通知单，进入出站扫描界面，扫描运单号获取信息，扫描完成后点击【确认】按钮，将扫描结果上传。返回，点击【出站】按钮，完成车辆空车出站确认，如图 2-39 至图 2-44 所示。

图 2-39

图 2-40

图 2-41

图 2-42

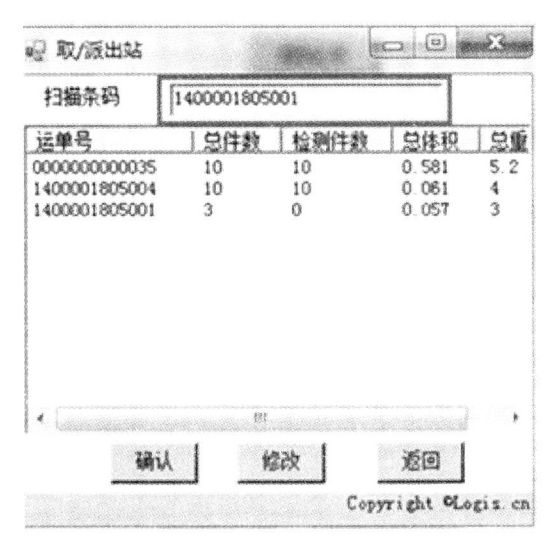

图 2-43

图 2-44

（2）现场取货。

操作员在客户区找到取派通知单上对应的客户和货物，清点检查完毕，将货物搬至取货车辆（笼车）上，与工作人员进行签字交接，关好车门，将车上货物运送至收货区，等待入库。

操作员登录手持系统后，点击【运输作业】按钮，选择【现场取货】，点击相应的取派通知单，点击【取货】按钮，进入信息确认界面，扫描打印出来的运单条码并点击【确认】按钮，完成取货操作，如图 2-45 至图 2-48 所示。

图 2-45

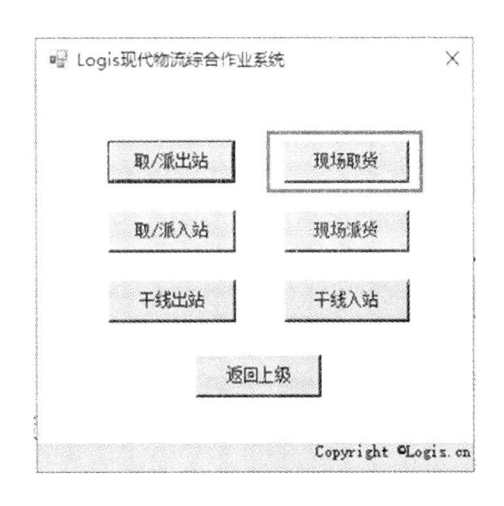

图 2-46

图 2-47

图 2-48

（3）取派入站。

操作员将货物运送至收货区，将取货车上的货物搬至托盘上整齐码好，等待入库操作。搬完货物后将取货车和手动托盘搬运车搬回原位。

操作员登录手持系统后，点击【运输作业】按钮，选择【取/派入站】，点击相应的取派通知单，扫描打印出来的运单条码，完成货物检测。数量等信息无误后，点击【确认】按钮，返回上一页，选中相应的取派通知单，点击【入站】按钮，完成车辆取派入站操作，如图 2-49 至图 2-54 所示。

图 2-49

图 2-50

图 2-51

图 2-52

图 2-53

图 2-54

2.2.5　入库操作

操作员将货物从客户区取回收货区码放完毕，信息员和操作员便可将货物正常入库，具体的步骤参照实操 2 的 2.1 节入库作业的相关操作流程。

实操 3　补货作业

3.1　补货单录入

（1）信息员打开 IE 浏览器，输入账号：1，密码：1，登录 Logis 现代物流综合作业系统，如图 3-1 所示。

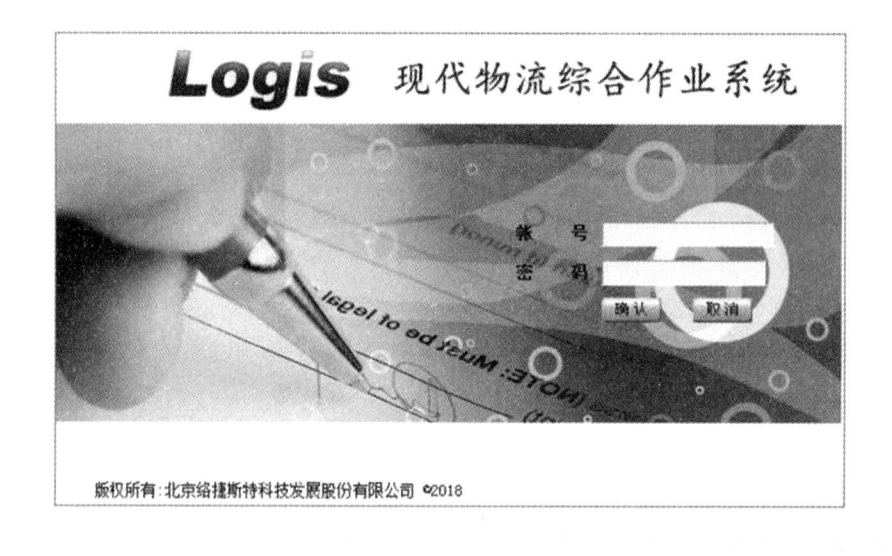

图 3-1

（2）进入 Logis 现代物流综合作业系统后，选择【仓储管理】，出现订单处理页面，点击【补货单】按钮，如图 3-2 所示。

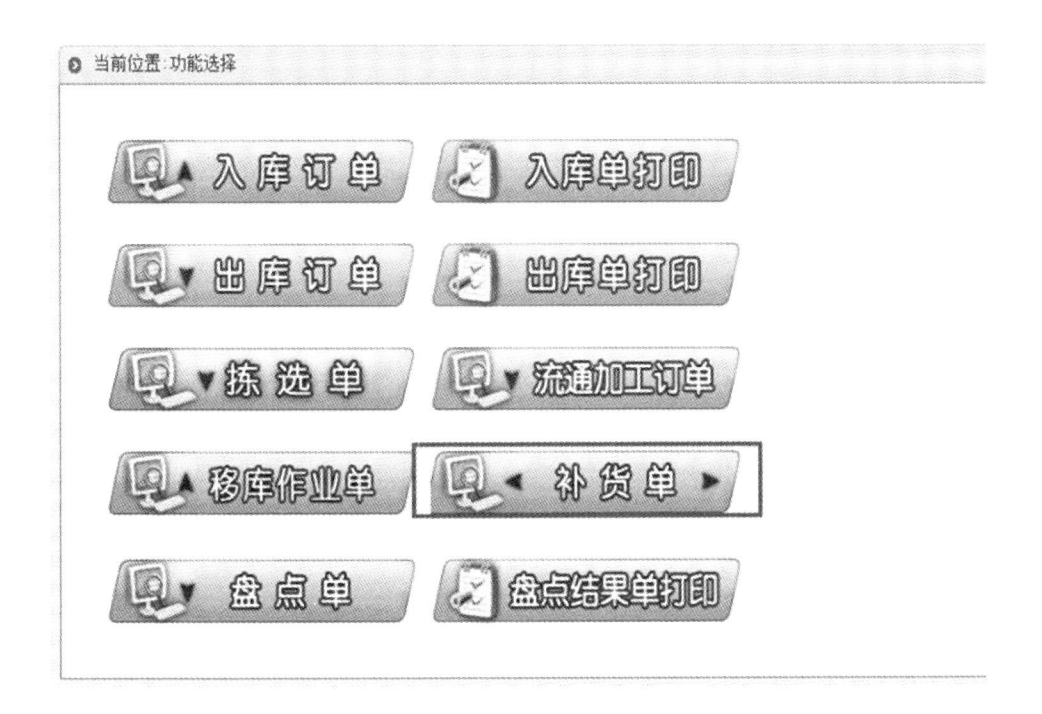

图 3-2

（3）进入补货单录入页面，录入补货订单，如图 3-3 所示。

图 3-3

（4）根据作业任务要求，选择需要补货的商品信息。输入移库量和目标储位，点击【保存】按钮，完成补货单的录入，如图 3-4 所示。

图 3-4

3.2 补货手持操作

（1）补货下架。

叉车手接收到补货下架指令，驾驶电动叉车前往托盘货架区，按照手持系统提示，找到对应的储位和货物，将托盘货物下架到货架前面的托盘交接区，或者补货作业通道的托盘交接区。

叉车手登录手持系统后，点击【补货/出库作业】按钮，点击【下架作业】按钮，进入到下架作业界面。扫描需要下架的储位号，扫描托盘标签，系统会自动显示需要下架的货品和数量信息。点击【确认下架】按钮，完成下架操作。如果有多条需要补货的任务，则重复以上操作，直至所有待下架货品下架完毕，如图3-5至图3-8所示。

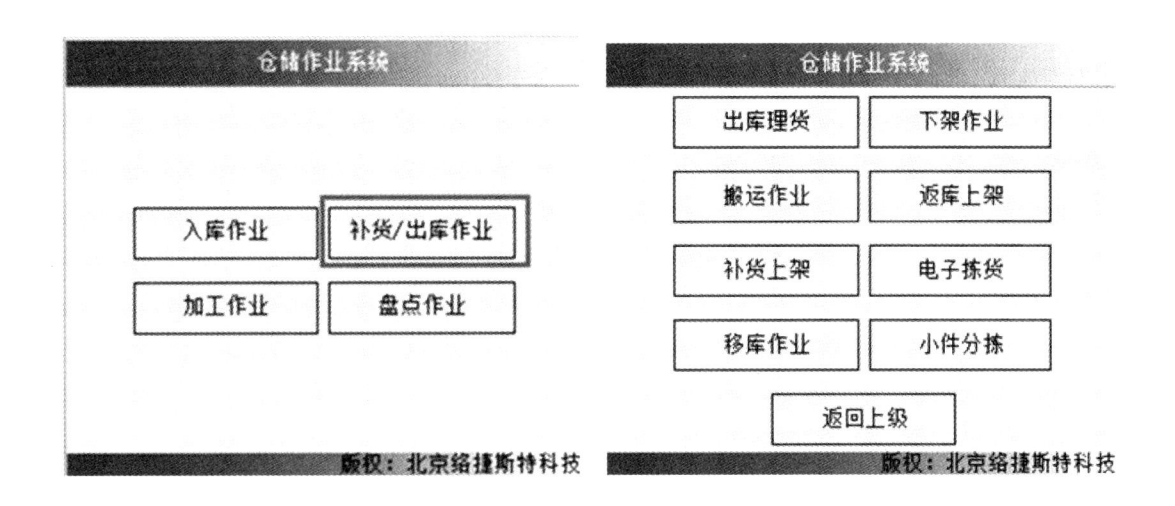

图 3-5

图 3-6

图 3-7

图 3-8

(2) 搬运作业。

操作员从设备存放区取出手动托盘搬运车（地牛），去往托盘货架区的托盘交接区，将叉车手下架的托盘货物进行搬运，运送至补货作业通道，等待补货上架。

如果托盘货物已经被叉车手下架放至补货作业通道的托盘交接区，操作员取出手动托盘搬运车（地牛）后，将托盘货物搬运至补货作业通道，等待补货上架。

操作员登录手持系统后，点击【补货/出库作业】按钮，点击【搬运作业】按钮，进入到搬运作业界面。

扫描需要搬运的托盘标签，系统会自动显示需要搬运的货品和数量信息，点击【确认搬运】按钮，完成搬运操作。如果有多条需要搬运的任务，则重复以上操作，直至所有待搬运货品搬运完毕，如图3-9至图3-12所示。

图3-9

图3-10

图3-11

图3-12

（3）补货上架。

操作员从托盘上取下相应数量的货物，放至电子标签货架旁边，对货物进行拆箱，将需要上架的储位上的周转箱取下来，放入补货的货物，随后将周转箱放回电子标签货架，完成补货操作，最后将空纸箱放至回收区。

操作员登录手持系统后，点击【补货/出库作业】按钮，点击【补货上架】按钮，进入到上架作业界面。扫描需补货的货物条码，系统会自动显示需要补货上架的数量和储位，点击【确认补货】按钮，完成补货上架操作。如果有多条需要补货上架的任务，则重复以上操作，直至所有待补货上架货品上架完毕，如图 3-13 至图 3-16 所示。

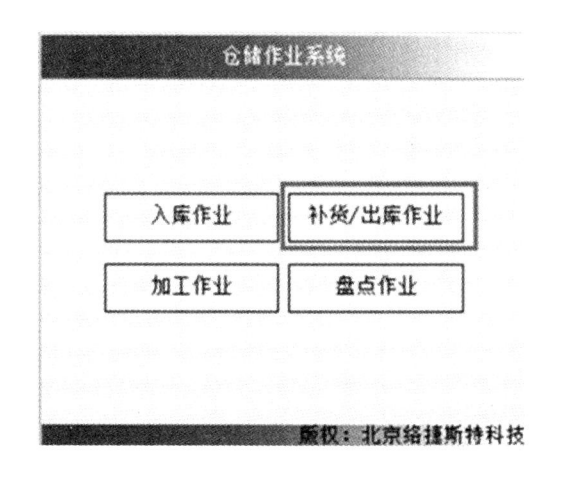

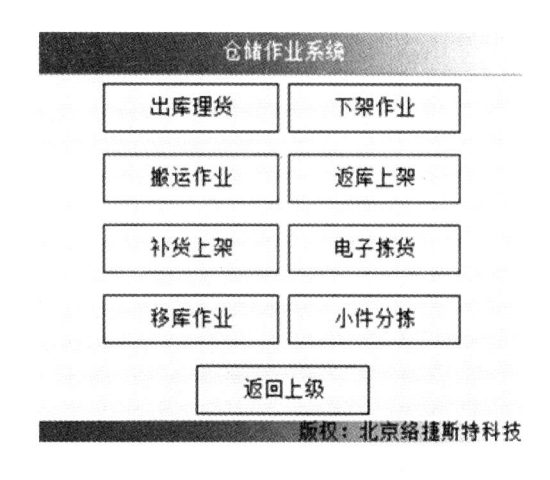

图 3-13

图 3-14

图 3-15

图 3-16

（4）返库搬运。

当补货数量少于托盘上的货物数量时，托盘上还有剩余的货物，需要将托盘上的剩余货物运回原来的储位，即对托盘货物进行返库上架操作。在下架搬运作业完成后，手持系统会自动在任务列表里显示出该托盘货物需要进行返库上架操作，如图3-17所示。

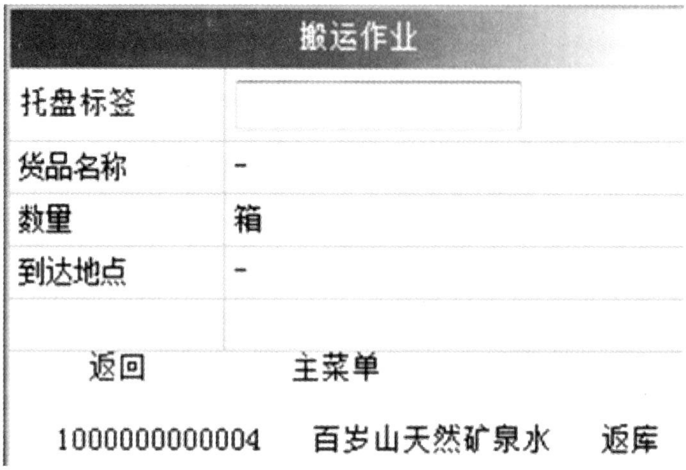

图 3-17

操作员利用手动托盘搬运车（地牛），将补货通道里的剩余托盘货物搬运至补货作业通道的托盘交接区或托盘货架前的托盘交接区。

操作员登录手持系统后，点击【补货/出库作业】按钮，点击【搬运作业】按钮，进入到搬运作业界面。扫描需要搬运的托盘标签，系统会自动显示需要搬运的货品和数量信息。点击【确认搬运】按钮，完成搬运操作。如果有多条需要搬运的任务，则重复以上操作，直至所有待搬运货品搬运完毕，如图3-18所示。

图 3-18

（5）返库上架。

叉车手驾驶电动叉车来到补货作业通道的托盘交接区或托盘货架前的托盘交接区,将待返库上架的托盘货物叉起,根据系统提示,放回原来的储位上。

叉车手登录手持系统后,点击【补货/出库作业】按钮,点击【返库上架】按钮,进入到返库上架界面。扫描需要上架的托盘标签,系统会自动显示需要搬运的货品名称和储位信息。点击【确认返库】按钮,完成返库上架操作。如果有多条需要返库上架的任务,则重复以上操作,直至所有待搬运货品搬运完毕,如图3-19至图3-22所示。

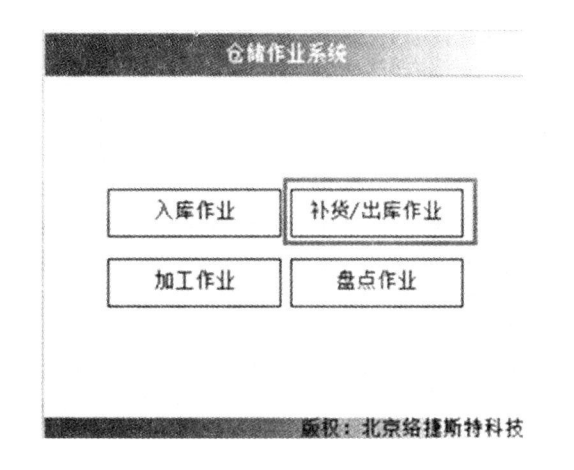

图 3-19

图 3-20

图 3-21

图 3-22

实操 4　出库作业

4.1　整箱货物出库

4.1.1　出库单录入

（1）信息员打开 IE 浏览器，输入账号：1，密码：1，登录 Logis 现代物流综合作业系统，如图 4-1 所示。

图 4-1

（2）进入 Logis 现代物流综合作业系统后，选择【仓储管理】，进入订单处理页面，如图 4-2 所示。

图 4-2

（3）点击【出库订单】进入页面，如图 4-3 所示。

图 4-3

（4）点击【新增】按钮新增入库订单，如图 4-4 所示。

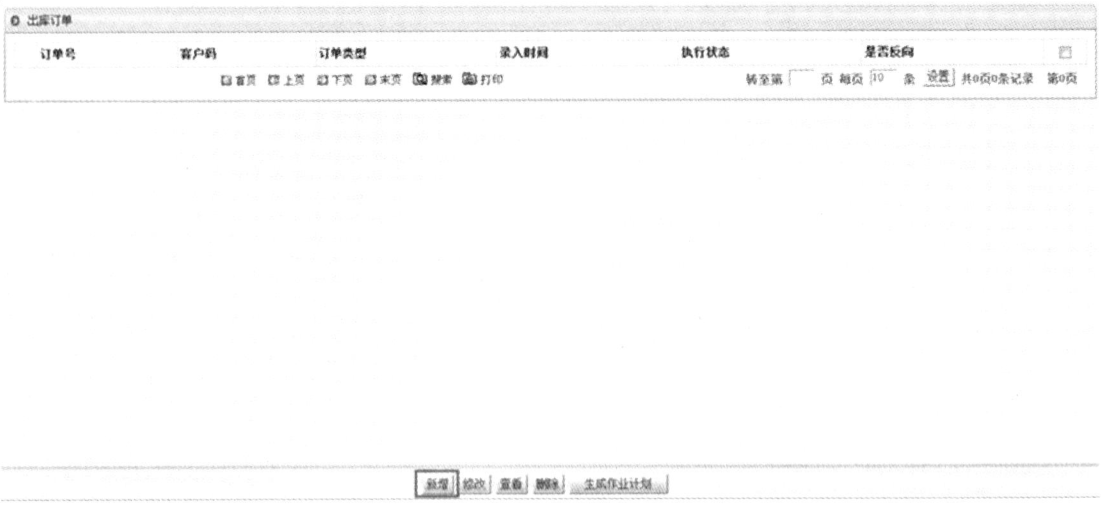

图 4-4

（5）进入订单录入界面，按照题目信息，分别录入订单信息、订单出库信息、订单货品信息等，录入完成后点击【保存订单】按钮，完成出库订单录入，如图 4-5 所示。

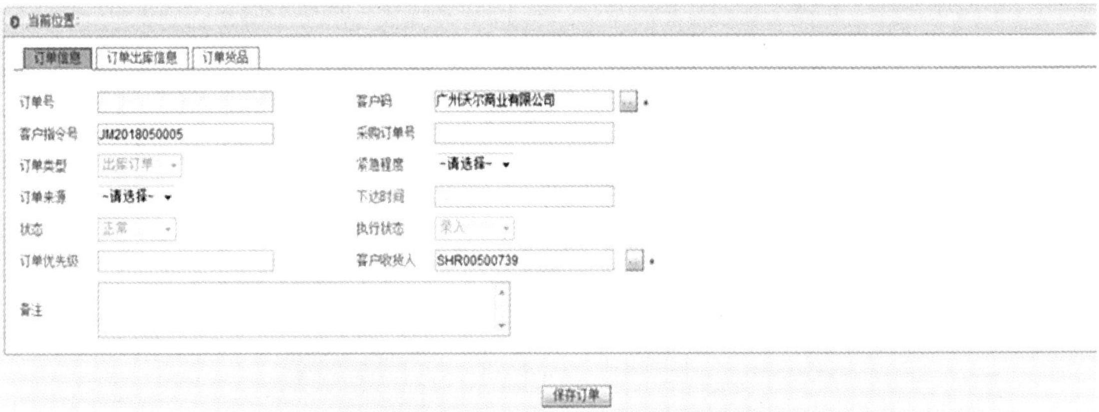

图 4-5

如果需要送货操作，在"是否送货"选项中选择"是"，如果无须送货，则选择"否"，如图 4-6 所示。

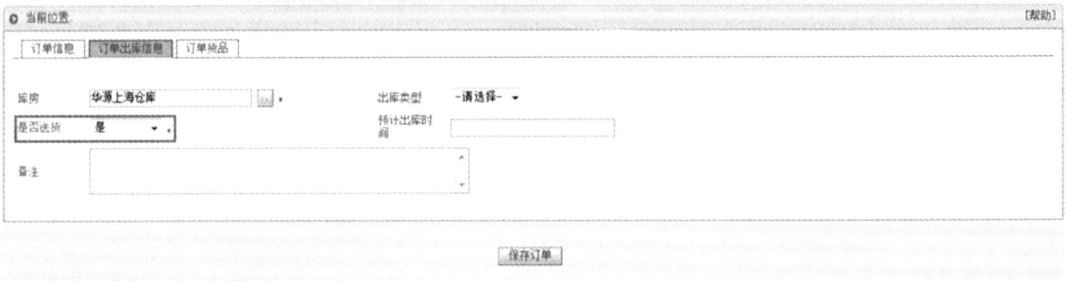

图 4-6

（6）勾选刚刚新增的出库单，点击【生成作业计划】，检查订单信息是否有误，确认无误再点击【确认生成】，入单订单提交成功，如图4-7、图4-8所示。

图 4-7

图 4-8

4.1.2 出库单打印

（1）返回仓储管理页面，选择【出库单打印】，进入单据打印页面，选中要打印的一条信息，点击【打印】按钮。在出库单打印预览界面再次点击【打印】按钮，完成出库订单打印，如图 4-9 至图 4-11 所示。

图 4-9

图 4-10

出 库 单

库房名称:骏马物流公司库房		应出总数: 8.0				实出总数:			
客户名称:广州沃尔商业有限公司		客户指令号:JM2018050009				收货人:沃尔超市(广茂店)			
是否送货:是						录入时间:2020-04-23			
货品名称	货品条码	规格	单位	应出	实出	批号	备注
农夫山泉矿泉水	6921168509258		瓶	1			
幸福时光卷筒纸	6921262100540		卷	2			
康师傅冰红茶	6921317905014		瓶	1			
康师傅包装饮用水	6932340193262		瓶	2			
脉动维生素饮料	6902083881429		箱	2			

信息员(签字):_____   仓管员(签字):_____   收货人(签字):_____

第一联(白联):仓库留存   第二联(红联):仓管员留存   第三联(黄联):收货人留存

图 4-11

4.1.3 拣选单录入

(1)返回仓储管理系统界面,点击【拣选单】进入页面,如图 4-12 所示。

图 4-12

（2）点击【新增】按钮新增拣选单，如图4-13所示。

图 4-13

（3）选择库房后，待调度订单列表会显示已生成作业计划的出库单，勾选后点击【加入调度】按钮，如图4-14所示。

图 4-14

（4）在拣选调度页面中进行拣选调度，点击待拣选结果列表某条记录右侧的库存按钮，会在库存列表中显示该货物的库存信息，点击该条库存信息，填写数量，点击【拣选调度】按钮，拣选调度完毕会在已拣货结果列表显示已拣货信息，如图4-15所示。

图 4-15

（5）勾选新增的拣选单，点击【生成作业计划】按钮，完成拣选单的录入，如图 4-16 所示。

图 4-16

4.1.4 整箱货物出库手持操作

（1）出库理货开始。

叉车手接收到出库下架指令后，登录手持系统，点击【补货/出库作业】按钮，点击【出库理货】按钮，进入到理货作业界面，点击【开始】按钮，启动出库作业，如图 4-17 至图 4-19 所示。

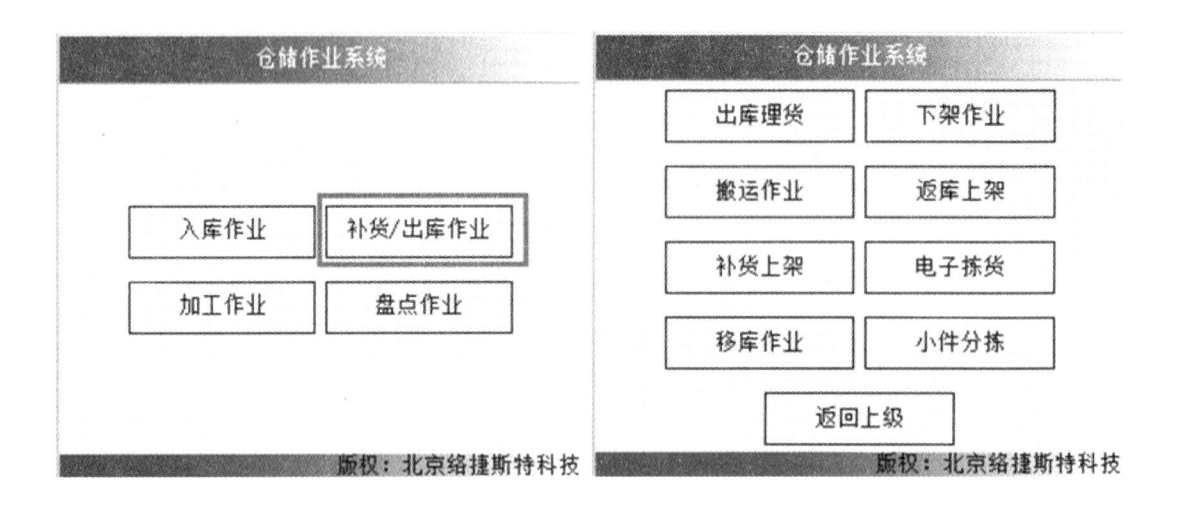

图 4-17

图 4-18

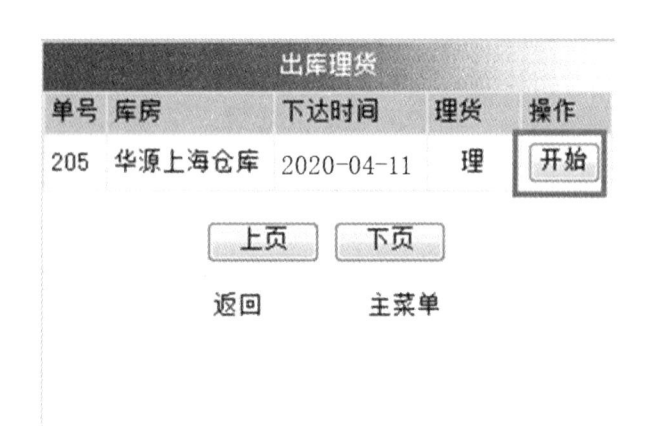

图 4-19

（2）出库下架。

叉车手驾驶电动叉车来到托盘货架区，按照手持系统提示，找到对应的储位和货物，将托盘货物下架到货架前面的托盘交接区，或者发货区的托盘交接区。

叉车手登录手持系统后，点击【补货/出库作业】按钮，点击【下架作业】按钮，进入到下架作业界面。扫描需要下架的储位号，扫描托盘标签，系统会自动显示需要下架的货品和数量信息。点击【确认下架】按钮，完成下架操作。如果有多条需要出库下架的任务，则重复以上操作,直至所有待下架货品下架完毕,如图 4-20 至图 4-23 所示。

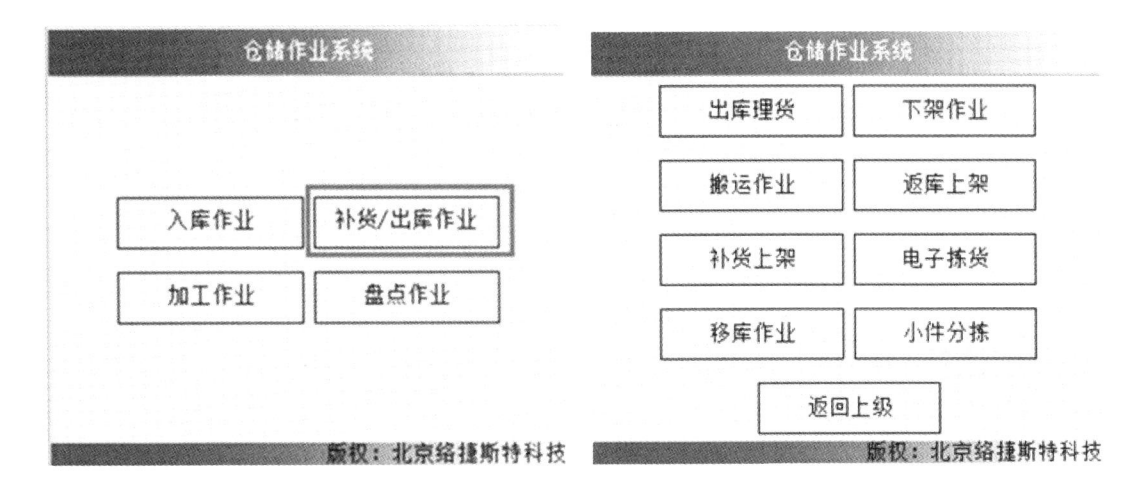

图 4-20

图 4-21

图 4-22

图 4-23

(3) 搬运作业。

操作员拿到出库单后,从设备存放区取出手动托盘搬运车(地牛),去往托盘货架区的托盘交接区,或者发货区的托盘交接区,将叉车手下架的托盘货物进行搬运,运送至发货区。

操作员登录手持系统后,点击【补货/出库作业】按钮,点击【搬运作业】按钮,进入到搬运作业界面。扫描需要搬运的托盘标签,系统会自动显示需要搬运的货品和数量信息。点击【确认搬运】按钮,完成搬运操作。如果有多条需要搬运的任务,则重复以上操作,直至所有待搬运货品搬运完毕,如图 4-24 至图 4-27 所示。

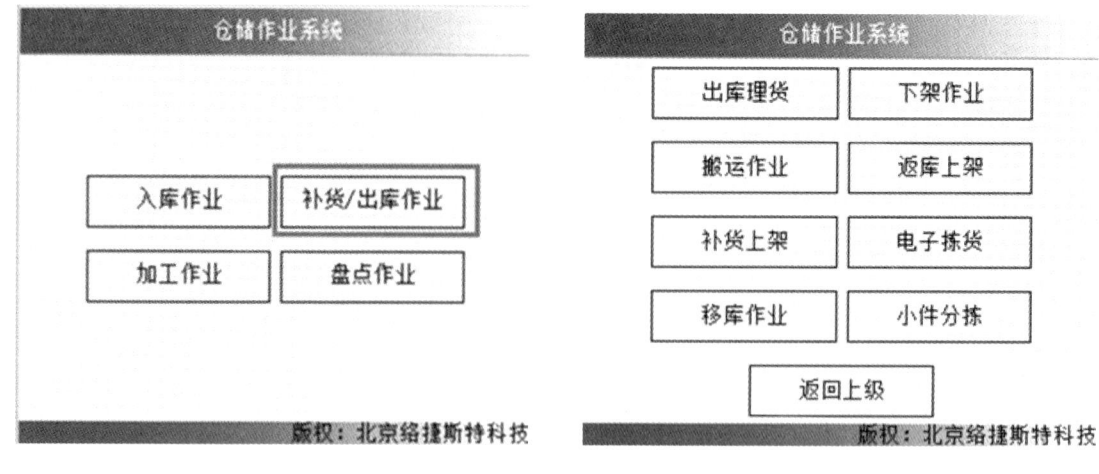

图 4-24

图 4-25

图 4-26

图 4-27

（4）返库搬运。

当出库数量少于托盘上的货物数量时，托盘上还有剩余的货物，需要将托盘上的剩余货物运回原来的储位，即对托盘货物进行返库上架操作。在下架搬运作业完成后，手持系统会自动在任务列表里显示出该托盘货物需要进行返库上架操作，如图 4-28 所示。

图 4-28

操作员利用手动托盘搬运车（地牛），将发货区里的剩余托盘货物搬运至托盘交接区或托盘货架前的托盘交接区。

操作员登录手持系统后，点击【补货/出库】按钮，点击【搬运作业】按钮，进入到搬运作业界面。扫描需要搬运的托盘标签，系统会自动显示需要搬运的货品和数量信息。点击【确认搬运】按钮，完成搬运操作。如果有多条需要搬运的任务，则重复以上操作，直至所有待搬运货品搬运完毕，如图4-29所示。

图4-29

（5）返库上架。

叉车手驾驶电动叉车来到发货区的托盘交接区或托盘货架前的托盘交接区，将待返库上架的托盘货物叉起，根据系统提示，放回原来的储位上。

叉车手登录手持系统后，点击【补货/出库作业】按钮，点击【返库上架】按钮，进入到返库上架界面。扫描需要上架的托盘标签，系统会自动显示需要搬运的货品名称和储位信息。点击【确认返库】按钮，完成返库上架操作。如果有多条需要返库上架的任务，则重复以上操作，直至所有待搬运货品搬运完毕，如图4-30至图4-33所示。

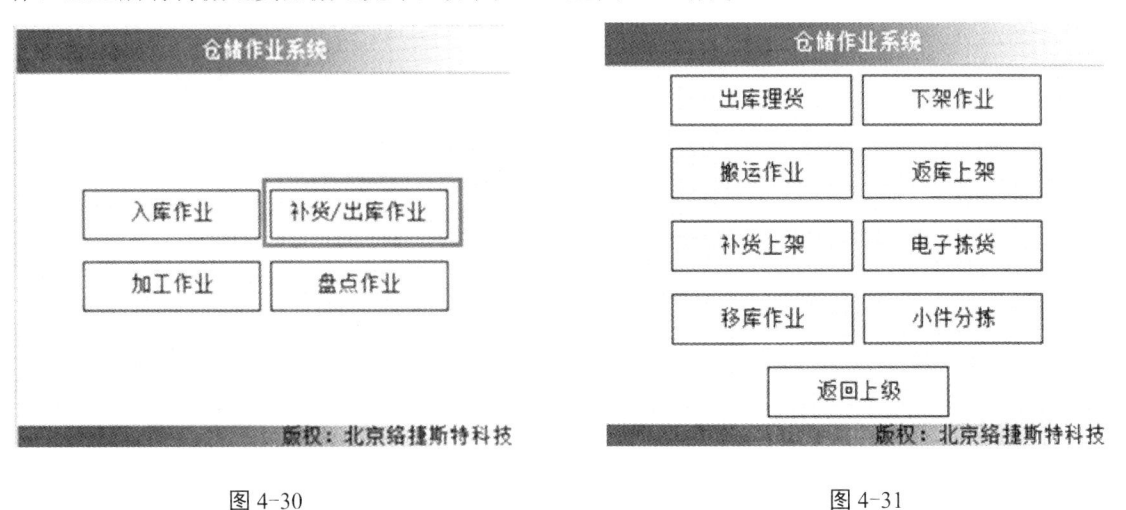

图4-30

图4-31

图 4-32   图 4-33

（6）出库理货完成。

叉车手将所有返库上架任务操作完成后，登录手持系统，再次点击【出库理货】进入操作界面，点击【理】进入出库理货页面，点击下面任务的托盘标签号，系统会自动显示该托盘的信息，点击【保存结果】按钮，完成该托盘的理货结果。

如果有多条记录，则循环操作，直到所有需要理货的任务完成。

点击【返回】按钮，回到出库理货任务列表页面，点击【保存结果】按钮，结束这条单据的作业任务，出库作业完成。

如图 4-34 至 4-37 所示。

图 4-34   图 4-35

图 4-36   图 4-37

4.2　电子标签货架货物出库

4.2.1　出库单录入

（1）信息员打开 IE 浏览器，输入账号：1，密码：1，登录 Logis 现代物流综合作业系统，如图 4-38 所示。

图 4-38

（2）进入 Logis 现代物流综合作业系统后，选择【仓储管理】，出现订单处理页面，如图 4-39 所示。

图 4-39

（3）点击【出库订单】进入页面，如图 4-40 所示。

图 4-40

（4）点击【新增】按钮新增入库订单，如图 4-41 所示。

图 4-41

（5）进入订单录入界面，按照题目信息，分别录入订单信息、订单出库信息、订单货品信息等，录入完成后点击【保存订单】按钮，完成出库订单录入，如图 4-42 所示。

图 4-42

如果需要送货操作，在"是否送货"选项中选择"是"，如果无须送货，则选择"否"，如图 4-43 所示。

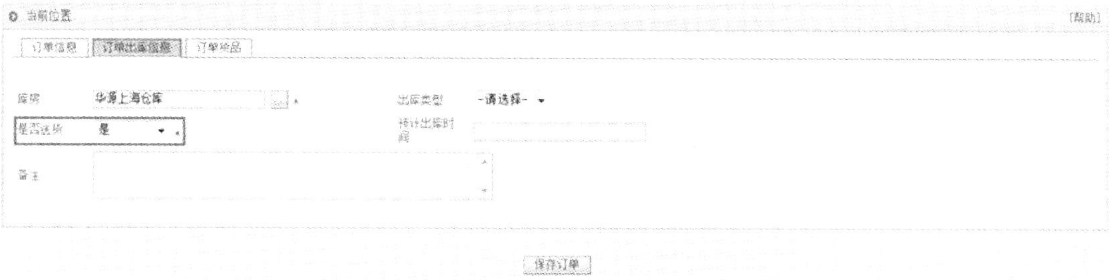

图 4-43

（6）勾选刚刚新增的出库单，点击【生成作业计划】，检查订单信息是否有误，确认无误再点击【确认生成】，入单订单提交成功，如图4-44、图4-45所示。

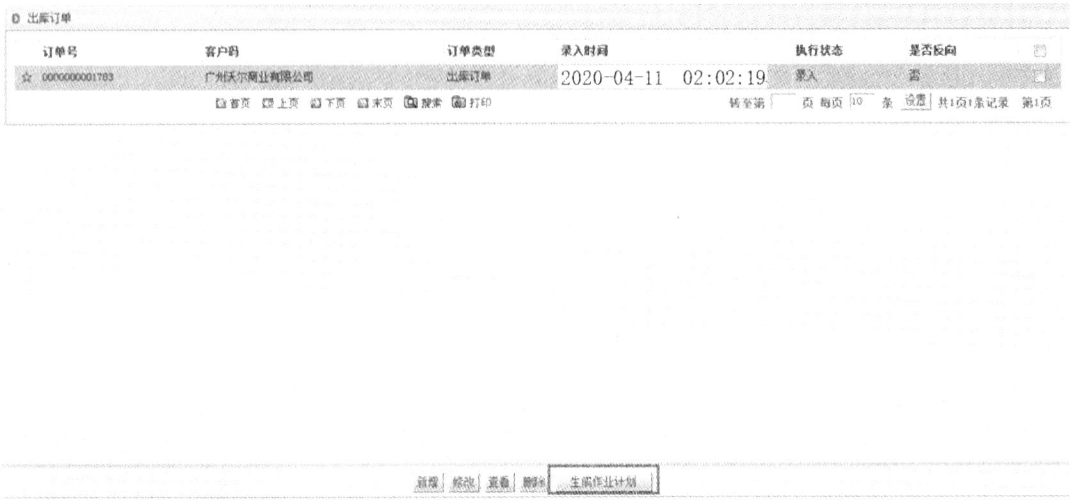

图 4-44

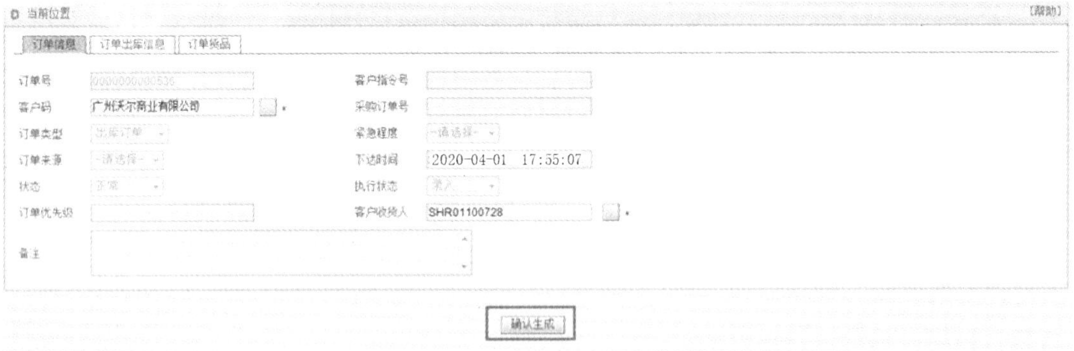

图 4-45

4.2.2　出库单打印

（1）返回仓储管理页面，选择【出库单打印】，进入单据打印页面，选中要打印的一条信息，点击【打印】按钮。在出库单打印预览界面再次点击【打印】按钮，完成出库订单打印，如图 4-46 至图 4-48 所示。

图 4-46

图 4-47

出库单

库房名称：骏马物流公司库房		应出总数：	8.0		实出总数：	
客户名称：广州沃尔商业有限公司		客户指令号：JM2018050009			收货人：沃尔超市（广茂店）	
是否送货：是				录入时间：2020-04-23		

货品名称	货品条码	规格	单位	应出	实出	批号	备注
农夫山泉矿泉水	6921168509256		瓶	1			
幸福时光卷筒纸	6921262100540		卷	2			
康师傅冰红茶	6921317905014		瓶	1			
康师傅包装饮用水	6932340193262		瓶	2			
脉动维生素饮料	6902083881429		箱	2			

信息员（签字）：_____   仓管员（签字）：_____   收货人（签字）：_____

第一联（白联）：仓库留存　　　第二联（红联）：仓管员留存　　　第三联（黄联）：收货人留存

图 4-48

4.2.3 拣选单录入

（1）返回仓储管理系统界面，点击【拣选单】进入页面，如图 4-49 所示。

图 4-49

（2）点击【新增】按钮新增拣选单，如图 4-50 所示。

图 4-50

（3）选择库房后，待调度订单列表会显示已生成作业计划的出库单，勾选后点击【加入调度】按钮，如图 4-51 所示。

图 4-51

（4）在拣选调度页面中进行拣选调度，点击"待拣选结果"列表中某条记录右侧的库存按钮，会在"库存"列表中显示该货物的库存信息，点击该条库存信息，填写数量，点击【拣选调度】按钮，拣选调度完毕会在"已拣货结果"列表显示已拣货信息，点击【保存按钮】即可完成拣货调度，如图 4-52 所示。

图 4-52

（5）勾选新增的拣选单，点击【生成作业计划】按钮，完成拣选单的录入，如图 4-53 所示。

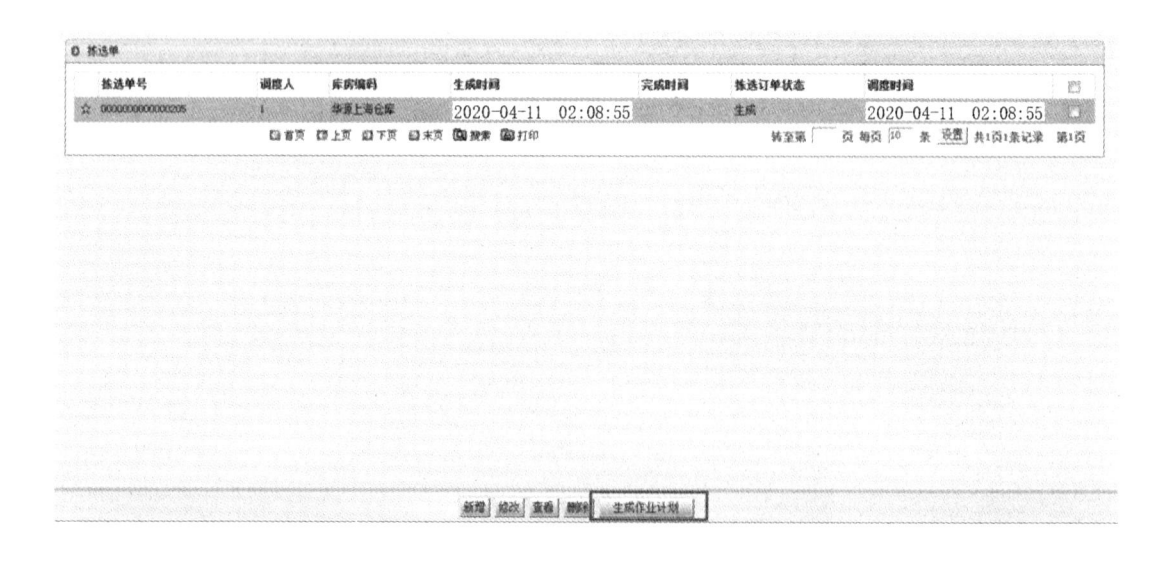

图 4-53

4.2.4 开启电子拣选监控设备

在做电子拣选操作前，请确认电子标签（硬件）已经调试成功，相应的硬件接口也已经安装完毕；电脑桌面上的电子标签监控程序已经开启，并已经点击【开始监控】按钮，如图4-54所示。

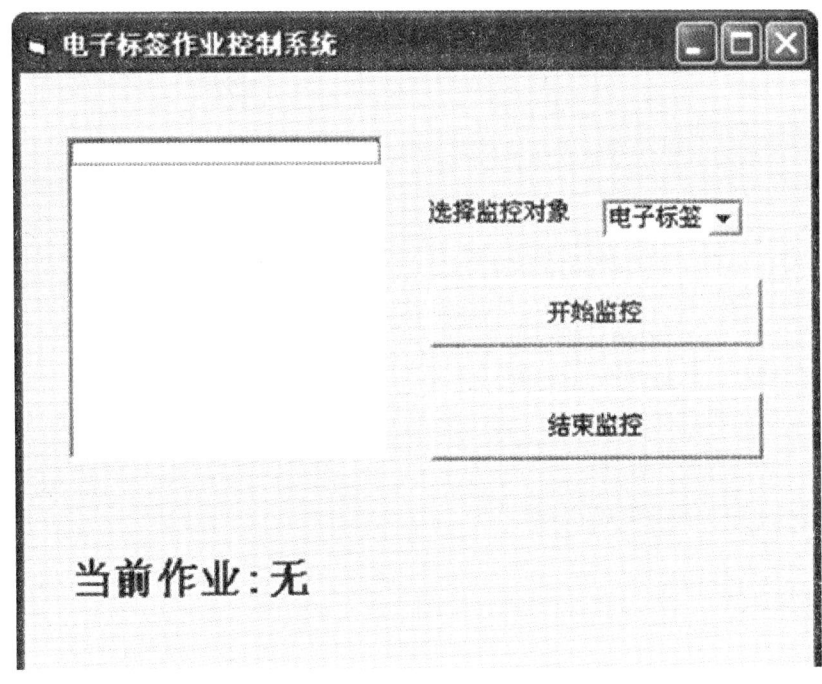

图 4-54

4.2.5 电子标签货架货物出库手持操作

（1）操作员拿到出库单后，登录手持系统，进入"补货/出库作业"操作菜单页面，点击【出库理货】按钮，进入出库理货页面，在界面上点击【开始】按钮，如图4-55、图4-56所示。

图 4-55

图 4-56

（2）操作员从设备存放处取出拣货小推车和周转箱，前往电子标签货架，点击图 4-57 中的【电子拣货】按钮，进入电子拣选的页面，扫描出库订单条码、周转箱条码后点击【确认】按钮，如图 4-58 所示。

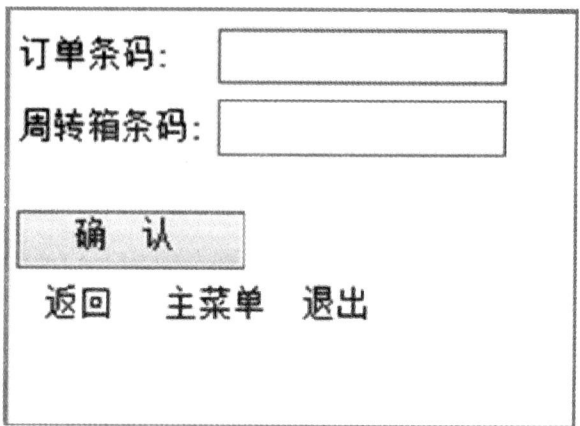

图 4-57

图 4-58

正常情况下，此时电子标签的指示灯将被点亮，上面会显示相应货品的出库数量。

（3）操作员拿着周转箱到电子拣选货架根据指示灯显示的数量进行拣货操作。拣选完一种货品后，用手拍灭相应的电子标签。

当所有的拣选任务完毕后，订单结束器上的绿灯会闪烁，同时伴有蜂鸣声。将结束器拍灭后，此订单的拣选任务即完成。回到出库理货页面，在任务列表中点击【完成】按钮，电子拣货操作完成。

4.3 出库送货

根据题目信息，某些出库订单需要送货，此时操作员需要将发货区的出库货物进行装车，利用取派车辆送至客户区。

4.3.1 送货单录入

（1）信息员打开 IE 浏览器，输入账号：1，密码：1，登录 Logis 现代物流综合作业系统，如图 4-59 所示。

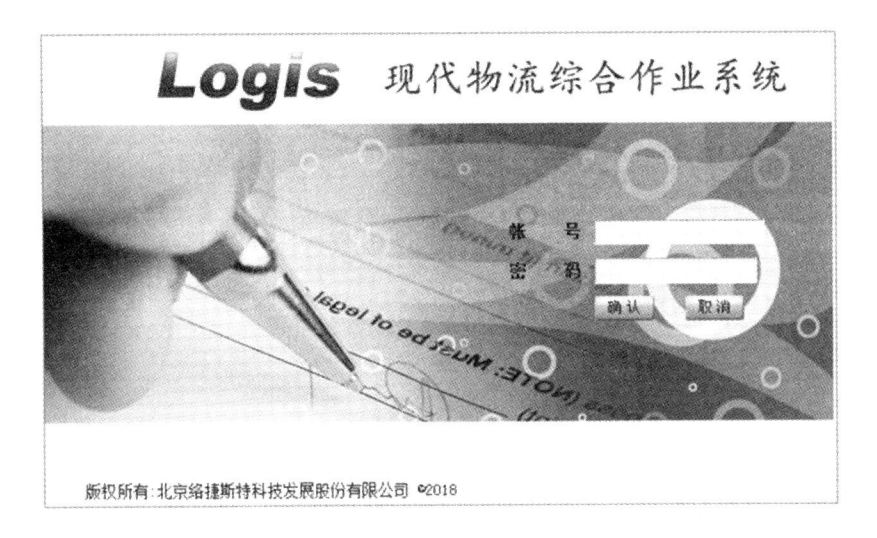

图 4-59

（2）进入 Logis 现代物流综合作业系统后，选择【运输管理】，出现订单处理页面，点击【取/送货单】按钮，如图 4-60 所示。

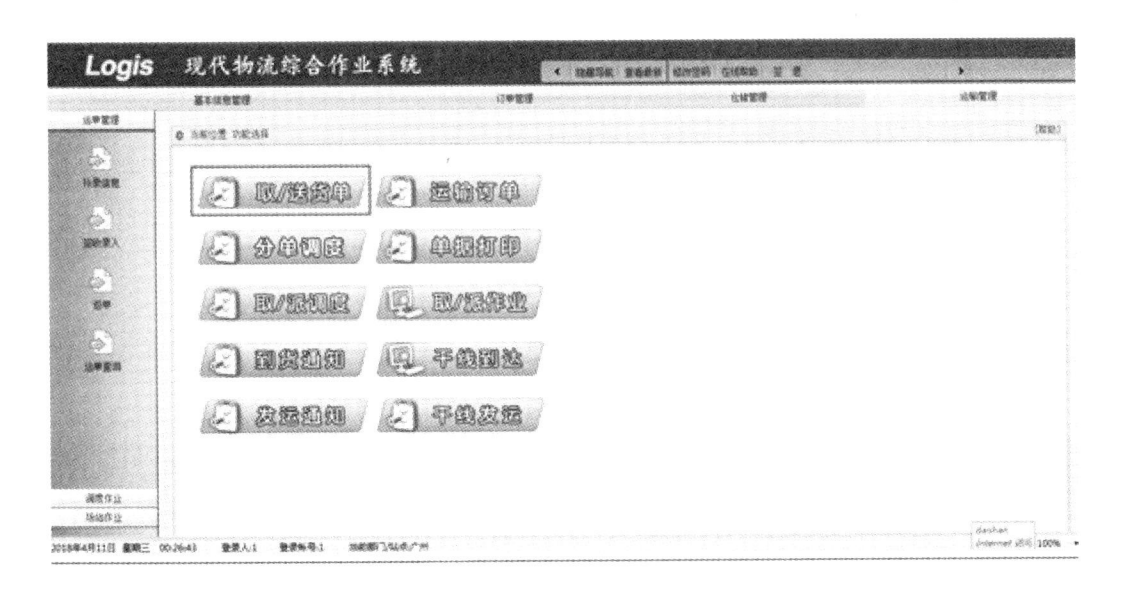

图 4-60

（3）点击【新增】按钮新增送货单，如图 4-61 所示。

图 4-61

（4）进入订单录入界面，业务类型选择"送货"，按照题目信息，录入相应的订单信息，录入完成后点击【保存订单】，完成送货单的录入，如图 4-62 所示。

图 4-62

货品编码	货品名称	总体积(立方米)	总重量(公斤)
983300739	脉动维生素饮料	0.117	3.6
980200739	百岁山天然矿泉水	0.112	0.5
980400739	农夫山泉矿泉水	0.112	0.5
980700739	幸福时光卷筒纸	0.08	0.2
980900739	康师傅冰红茶	0.08	0.2
981100739	康师傅包装饮用水	0.08	0.2

续图 4-62

（6）勾选刚刚新增的送货单，点击【生成作业计划】，完成送货单的录入，如图 4-63 所示。

图 4-63

4.3.2 运单打印

(1)返回运输管理界面,在系统中点击【单据打印】按钮,进入单据打印页面,如图4-64所示。

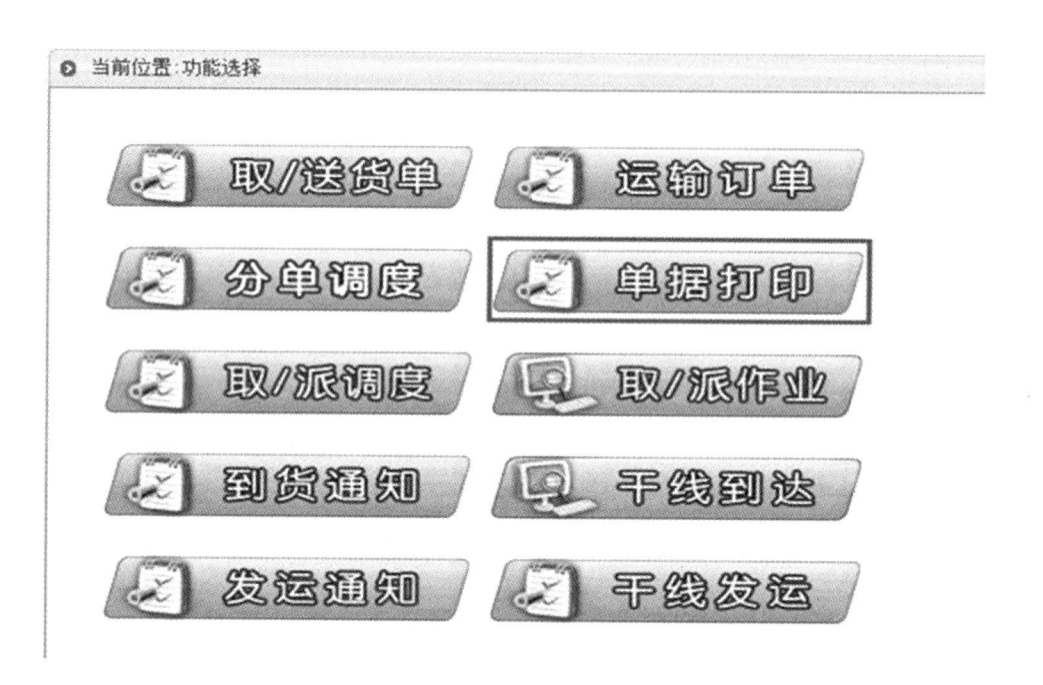

图 4-64

(2)选择刚刚录入好的取货单的运单,然后点击【运单打印】按钮,如图4-65所示。

图 4-65

（3）在运单打印预览页面确认信息无误后，点击【打印】按钮，完成运单打印，如图 4-66 所示。

运单	
始发站：上海	目的站：上海
托运单位：广州沃尔商业有限公司	邮编：100001
取货联系人：赵■	联系电话：136■■■■
取货地址：广州市番禺区■■■■	
收货单位：广州骏马物流公司库房	邮编：
收货人：张■	收货人电话：020-68■■■■
收货地址：广州市天河区■■■■■■	

货品名称	数量	单位	体积	重量	备注
清风原木纯品	5	箱	0.095	5	

发货人签字：_____　　　　收货人签字：_____

第一联（白联）：发货人留存　　第二联（红联）：物流公司留存　　第三联（黄联）：收货人留存

图 4-66

4.3.3　取派调度和取派通知单打印

（1）返回运输管理界面，在系统中点击【取/派调度】按钮，进入取派调度页面，如图 4-67 所示。

图 4-67

（2）点击【新增取派调度单】按钮，录入车辆、司机等取派调度单所需的信息，并点击【保存】，如图 4-68 所示。

图 4-68

（3）在调度页面中，点击绿色箭头，对待送货的运单进行取派调度，调度完成后点击【提交】按钮完成调度，如图 4-69、图 4-70 所示。

图 4-69

图 4-70

（4）在取派调度页面，点击【打印】按钮，进入取派通知单预览页面，打印取派通知单，如图 4-71、图 4-72 所示。

取/派调度单列表　新增取派调度单

	取派编号	预计发车时间	司机	车牌号	当前操作			
✎	TD0010427	2020-04-11	王■	粤A5■	取派调度	退回	删除	打印 提交

当前调度单已选运单列表

	顺序号	取派类型	运单号	是否返单	是否收款	
✎	1	在派	1400001805004	否	否	↑
✎	2	在派	0000000000741	否	否	↑
✎	3	在派	1400001805001	否	否	↑
✎	4	在取	0000000000740	否	否	↑
✎	5	在取	0000000000739	否	否	↑

当前取/派调度单信息

取派编号	TD0010427
预计发车	2020-04-11
运力编号	QPYL00100729
车牌号	粤A5■
司机	王■
货运员	郭■
备注	
调度人	1
调度时间	2020-04-11 01:05:07

保存

图 4-71

打印

取（派）通知单

单号	TD0010435		操作站		上海	
资源	车辆	粤A5■		车型		
	司机	王■		预计发车时间		2020-04-23
总数量	30.0件	总重量	35.2kg	总体积		0.852 m³

客户信息

订单/运单号	顺序号	客户	地址	电话	姓名	类型
1400001805004	1	沃尔超市(东华店)	广州市东华路■	020-65■	张■	在派
0000000000035	2	沃尔超市(广茂店)	广州大道南■	020-63■	刘■	在派
1400001805001	3	沃尔超市(东风店)	广州市越秀区■	020-78■	王■	在派
0000000000036	4	广州智库图书有限公司	广州市番禺区民安路■	156■	邓■	在取
0000000000034	5	广州沃尔商业有限公司	广州市番禺区■	136■	赵■	在取

货品信息

订单/运单号	货品名称	件数(件)	重量(kg)	体积(m³)	备注
1400001805004	签字笔	10	4	0.061	
0000000000035	康师傅包装饮用水	2	0.2	0.08	
0000000000035	农夫山泉矿泉水	1	0.5	0.112	
0000000000035	脉动维生素饮料	2	3.6	0.117	
0000000000035	百岁山天然矿泉水	2	0.5	0.112	
0000000000035	康师傅冰红茶	1	0.5	0.08	
0000000000035	幸福时光卷筒纸	2	0.2	0.08	

图 4-72

4.3.4 送货手持操作

（1）车辆入站。

操作员拿到运单和取派通知单后，从设备存放区取出手动托盘搬运车（地牛），将取派车辆存放区的笼车叉起来，取货车辆前往发货区，将货物放入取派车辆进行装车操作。此时若有空托盘，便放至托盘存放区。

操作员登录手持系统后，点击【运输作业】按钮，选择【取/派入站】，点击相应的取派通知单，扫描打印出来的运单条码，完成货物检测。数量等信息无误后，点击【确认】按钮。返回上一页，选中相应的取派通知单，点击【入站】按钮，完成车辆取派入站操作，如图 4-73 至图 4-78 所示。

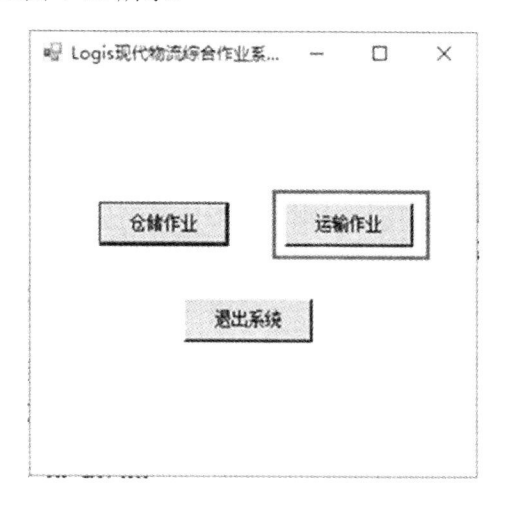

图 4-73

图 4-74

图 4-75

图 4-76

图 4-77    图 4-78

（2）现场派货。

操作员在客户区找到取派通知单上对应的客户，将货物从取货车辆（笼车）上搬下，放在对应的区域，与工作人员进行签字交接。

操作员登录手持系统后，点击【运输作业】按钮，选择【现场派货】，点击相应的取派通知单，点击【送货】按钮，进入送货签收页面，核对货物信息，选择签收类型，最后点击【签收】按钮，完成派货操作，如图 4-79 至 4-83 所示。

图 4-79    图 4-80

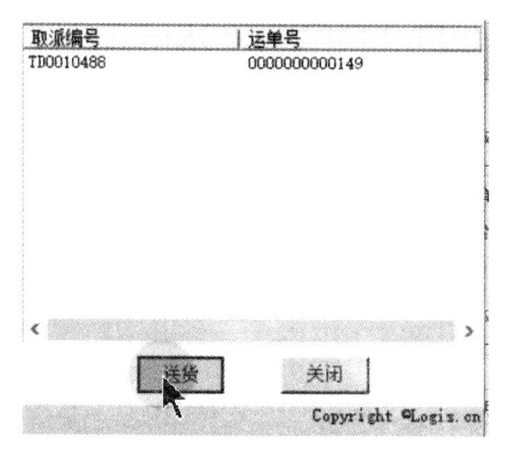

图 4-81 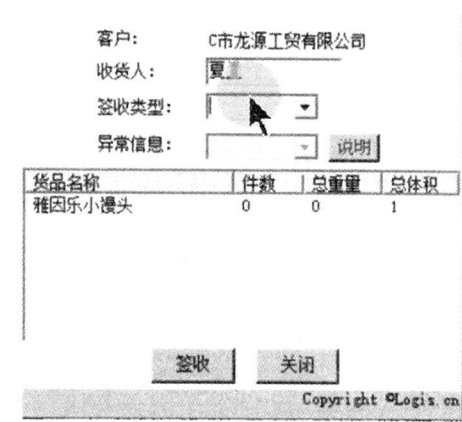　　　　　　　　　　　　　　　图 4-82

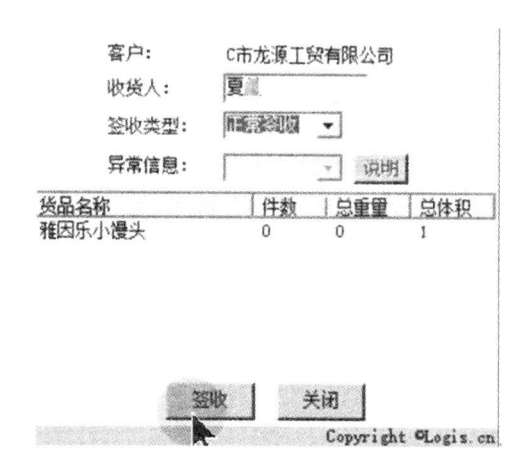

图 4-83

（3）车辆入站。

操作员将出库货物全部派送完毕后，将取货车辆（笼车）放回取派车辆存放区，手动托盘搬运车（地牛）放回设备存放区。

操作员登录手持系统后，点击【运输作业】按钮，选择【取/派入站】，点击相应的取派通知单，点击【入站】按钮，完成空车取派入站操作，如图 4-84 至图 4-86 所示。

≫ **物流仓储管理综合作业**

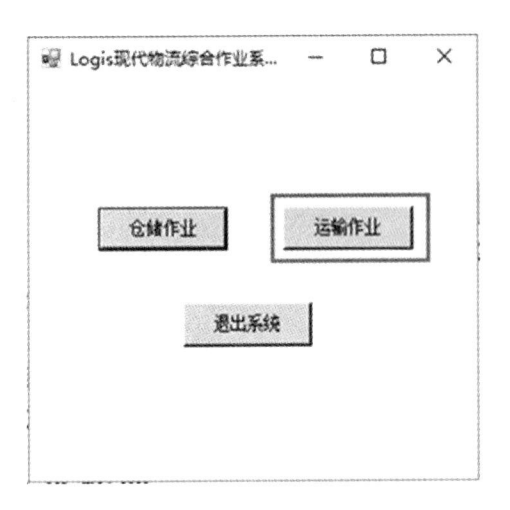

图 4-84

图 4-85

图 4-86

实操 5　干线到达

5.1　到货通知

（1）信息员登录系统后，点击【运输管理】，进入如图 5-1 所示页面，点击【到货通知】按钮。

图 5-1

（2）在图 5-1 所示页面点击【到货】按钮确认到货。

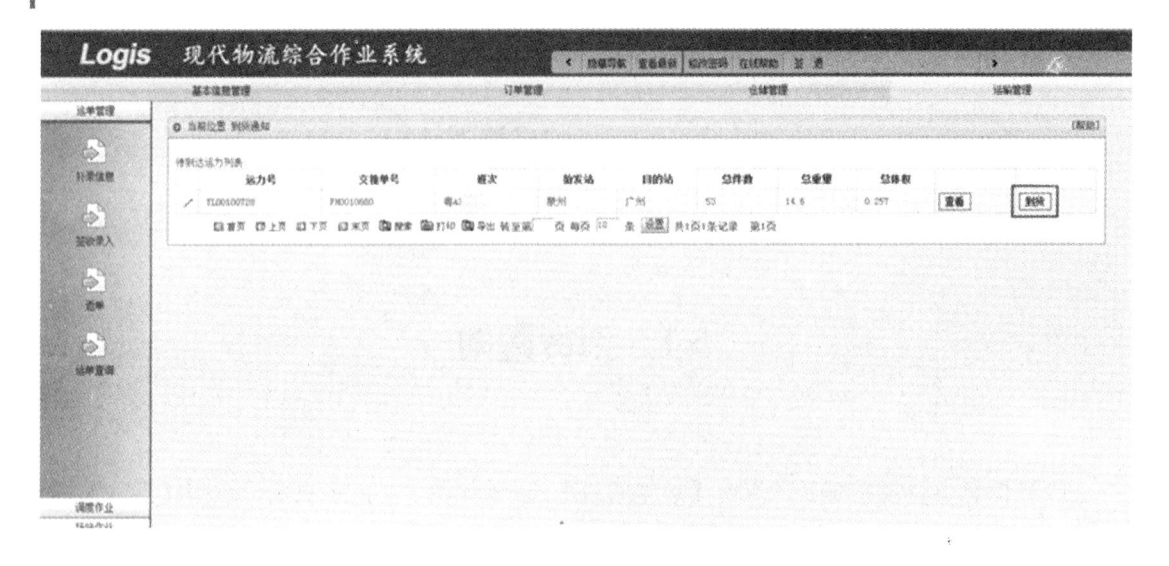

图 5-2

5.2 货物入站

（1）操作员接收到到货通知指令后，登录手持系统，点击【运输作业】，点击【干线入站】按钮，进入干线入站列表页面，前往干线到达的目的地，对于待入站的货物进行扫描，扫描每单货的运单号并对现场货物进行核对，核对无误后进行入站确认，如图 5-3 至图 5-8 所示。

图 5-3　　　　　　　　　　　图 5-4

图 5-5

图 5-6

图 5-7

图 5-8

（2）如果发现实际数量与运单数量不符，可以选择这条信息，点击【修改】按钮，按照实际数量修改并点击【保存】按钮，保存信息，如图 5-9、图 5-10 所示。

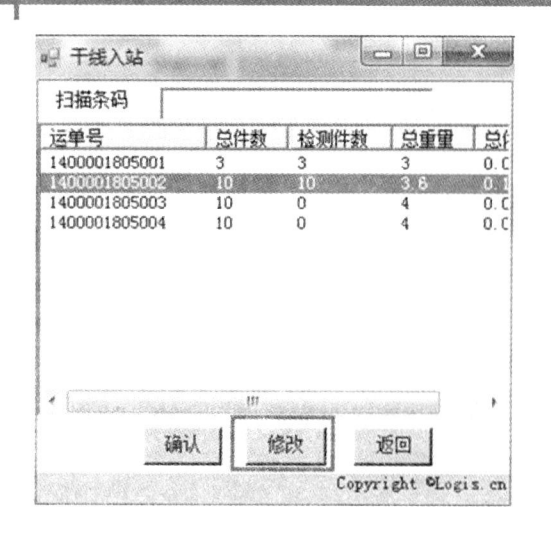

图 5-9

图 5-10

5.3 货物流向

5.3.1 即时派送

当日派送的货物使用托盘搬运至发货区进行派送操作。

（1）取/派调度。

①信息员登录系统，在运输管理界面，点击【取/派调度】按钮，如图 5-11 所示。

图 5-11

②点击【新增取派调度单】按钮，录入取派调度单，并点击【保存】，如图5-12所示。

图5-12

③在调度页面中，对于干线到达的运单进行派货调度，调度完成后点击【提交】按钮完成调度，点击【打印】按钮，打印取派通知单，如图5-13所示。

图5-13

④调度结果没有问题，点击【提交】按钮下达作业任务，如图5-14所示。

图 5-14

⑤调度完成后点击【打印】按钮，打印取派通知单，如图 5-15 所示。

取（派）通知单

单号		TD0010435		操作站		上海	
资源	车辆	粤A5■■			车型		
	司机	王■■		预计发车时间		2020-04-23	
总数量		30.0件	总重量	35.2kg	总体积	0.852 m³	

客户信息

订单/运单号	顺序号	客户	地址	电话	姓名	类型
1400001805004	1	沃尔超市（东华店）	广州市东华东路■■	020-65■■	张■	在派
0000000000035	2	沃尔超市（广茂店）	广州大道南■■	020-63■■	刘■	在派
1400001805001	3	沃尔超市（东风店）	广州市越秀区■■	020-78■■	王■	在派
0000000000036	4	广州智库图书有限公司	广州市番禺区民安路■	156■■	邓■	在取
0000000000034	5	广州沃尔商业有限公司	广州市番禺区■■	136■■	赵■	在取

货品信息

订单/运单号	货品名称	件数（件）	重量（kg）	体积（m³）	备注
1400001805004	签字笔	10	4	0.061	
0000000000035	康师傅包装饮用水	2	0.2	0.08	
0000000000035	农夫山泉矿泉水	1	0.5	0.112	
0000000000035	脉动维生素饮料	2	3.6	0.117	
0000000000035	百岁山天然矿泉水	2	0.5	0.112	
0000000000035	康师傅冰红茶	1	0.2	0.08	
0000000000035	幸福时光卷筒纸	2	0.2	0.08	

图 5-15

1400001805001	洁云卷筒纸	3	3	0.057
0000000000036	英汉字典	4	20	0.096
0000000000034	清风原木纯品	3	3	0.057
制单人：		制单时间：	年 月 日	司机签字：
第一联（白联）：制单人留存		第二联（红联）：物流公司留存：		第三联（黄联）：司机留存

续图 5-15

（2）运单打印。

①返回运输管理界面，点击【单据打印】按钮，进入单据打印页面，如图 5-16 所示。

图 5-16

②选择刚刚录入好的取货单的运单，然后点击【运单打印】按钮，如图 5-17 所示。

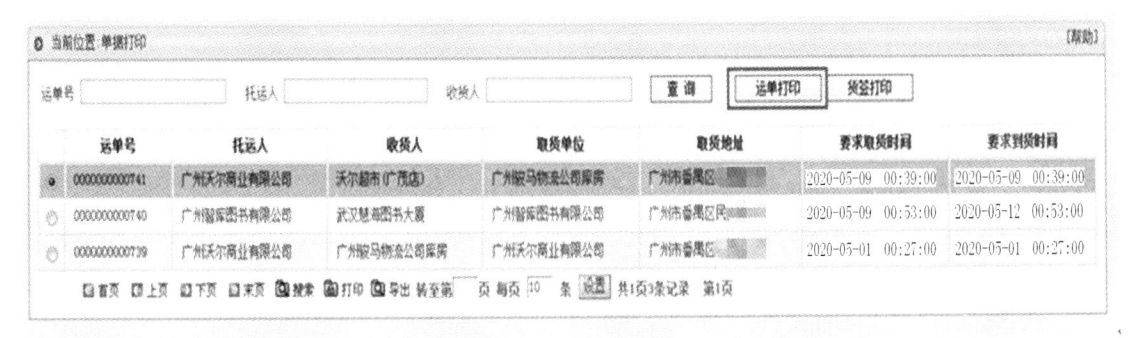

图 5-17

③在运单打印预览页面确认信息无误后,点击【打印】按钮,完成运单打印,如图 5-18 所示。

```
                                                              [打印]

┌─────────────────────────────────────────────────────────────────┐
│                                          ║║║║║║║║║║║║║║║║║║║║  │
│              运单                         ║║║║║║║║║║║║║║║║║║║║  │
│                                          0000000000034          │
├─────────────────────────────────────────────────────────────────┤
│ 始发站:上海                    │ 目的站:上海                      │
├────────────────────────────────┼────────────────────────────────┤
│ 托运单位:广州沃尔商业有限公司  │ 邮编:100001                     │
├────────────────────────────────┼────────────────────────────────┤
│ 取货联系人:赵■                │ 联系电话:136■■■■■■■■        │
├────────────────────────────────┴────────────────────────────────┤
│ 取货地址:广州市番禺区■■■■■■                                 │
├────────────────────────────────┬────────────────────────────────┤
│ 收货单位:广州骏马物流公司库房  │ 邮编:                           │
├────────────────────────────────┼────────────────────────────────┤
│ 收货人:张■                    │ 收货人电话:020-68■■■■■■      │
├────────────────────────────────┴────────────────────────────────┤
│ 收货地址:广州市天河区■■■■■■■■■■                         │
└─────────────────────────────────────────────────────────────────┘
```

货品名称	数量	单位	体积	重量	备注
清风原木纯品	5	箱	0.095	5	

发货人签字:_____   收货人签字:_____

第一联(白联):发货人留存   第二联(红联):物流公司留存   第三联(黄联):收货人留存

图 5-18

(3) 取派出站。

操作员拿到运单和取派通知单后,从设备存放区取出手动托盘搬运车(地牛),将取派车辆存放区的笼车叉起来,取货车辆出站前往干线到达区进行装货操作。

操作员登录手持系统后,点击【运输作业】按钮,选择【取/派出站】,点击相应的取派通知单,进入出站扫描界面,扫描运单号获取信息,扫描完成后点击【确认】按钮,将扫描结果上传。返回,点击【出站】按钮,完成车辆出站确认,如图 5-19 至图 5-24 所示。

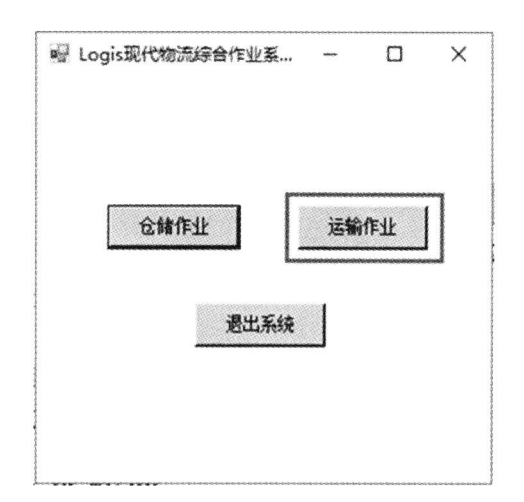

图 5-19

图 5-20

图 5-21

图 5-22

图 5-23

图 5-24

（4）现场派货。

操作员在客户区找到取派通知单上对应的客户，将货物从取货车辆（笼车）上搬下，放在对应的区域，与工作人员进行签字交接。

操作员登录手持系统后，点击【运输作业】按钮，选择【现场派货】，点击相应的取派通知单，点击【送货】按钮，进入送货签收页面，核对货物信息，选择签收类型，最后点击【签收】按钮，完成派货操作，如图 5-25 至图 5-29 所示。

图 5-25

图 5-26

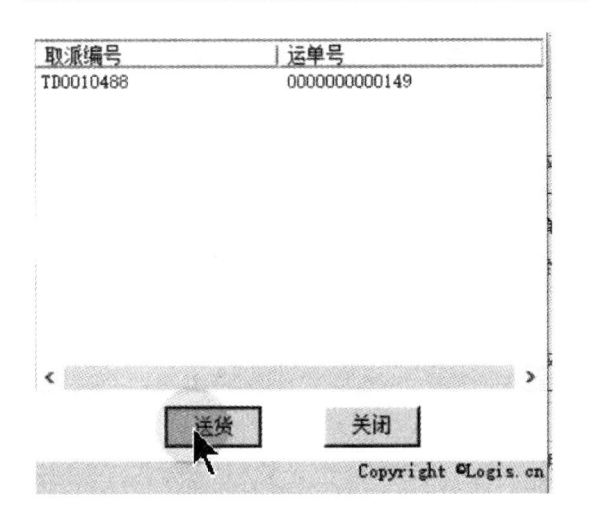

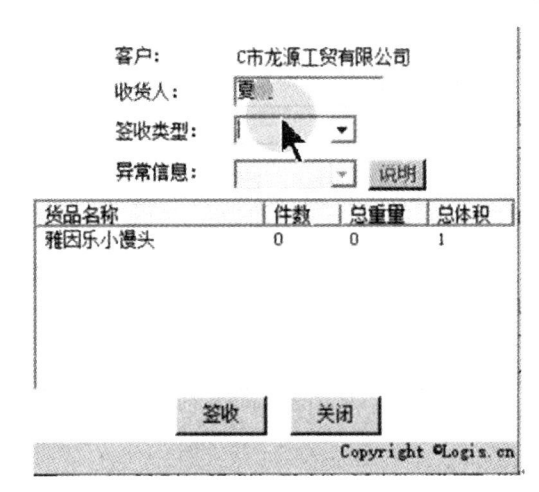

图 5-27

图 5-28

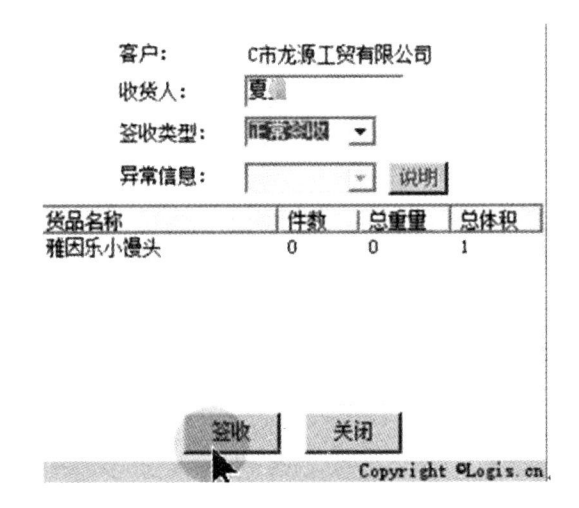

图 5-29

（5）车辆入站。

操作员将出库货物全部派送完毕，将取货车辆（笼车）放回取派车辆存放区，手动托盘搬运车（地牛）放回设备存放区。

操作员登录手持系统后，点击【运输作业】按钮，选择【取/派入站】，点击相应的取派通知单，点击【入站】按钮，完成空车取派入站操作，如图 5-30 至图 5-32 所示。

图 5-30　　　　　　　　　　　　　　　图 5-31

图 5-32

5.3.2　派送暂存

非当日派送的货物执行派送暂存，操作员将货物放置在干线暂存区。

5.3.3　异常暂存

针对有异常的货物，操作员将整单货物使用托盘搬运车搬运至异常货物存放区。

5.3.4　入库操作

针对不需要派送的货物进行入库操作。入库操作流程参照实操 2 的 2.1 节正常货物的入库流程。

实操 6 运输作业

6.1 运输订单录入

（1）信息员登录系统后，在功能选择页面点击【运输订单】按钮，进入运输订单录入页面，如图 6-1 所示。

图 6-1

（2）进入运输订单列表页面，点击【新增】按钮，按照题目的内容录入运输订单，录入完成后点击【保存订单】按钮保存信息，如图 6-2 所示。

图 6-2

（3）在任务列表中，选择录入的运输订单并点击【生成作业计划】按钮下达作业任务，如图 6-3 所示。

图 6-3

6.2　分单调度

在 Logis 现代物流综合作业系统中点击【分单调度】按钮，选择路由安排运力，并点击【提交】按钮完成调度，如图 6-4 至图 6-7 所示。

图 6-4

图 6-5

图 6-6

图 6-7

6.3 运单打印

（1）返回运输管理界面，点击【单据打印】按钮，进入单据打印页面，如图 6-8 所示。

图 6-8

（2）选择刚刚录入好的取货单的运单，然后点击【运单打印】按钮，如图6-9所示。

图6-9

（3）在运单打印预览页面确认信息无误后，点击【打印】按钮，完成运单打印，如图6-10所示。

货品名称	数量	单位	体积	重量	备注
清风原木纯品	5	箱	0.095	5	

运单

始发站：上海　　目的站：上海
托运单位：广州沃尔商业有限公司　　邮编：100001
取货联系人：赵某　　联系电话：136********
取货地址：广州市番禺区********
收货单位：广州骏马物流公司库房　　邮编：
收货人：张**　　收货人电话：020-68******
收货地址：广州市天河区********

发货人签字：_____　　收货人签字：_____

第一联（白联）：发货人留存　　第二联（红联）：物流公司留存　　第三联（黄联）：收货人留存

图6-10

6.4 取派调度

(1) 返回运输管理界面,点击【取/派调度】按钮,进入取派调度页面,如图 6-11 所示。

图 6-11

(2) 点击【新增取派调度单】按钮,录入车辆、司机等取派调度单所需的信息,并点击【保存】,如图 6-12 所示。

图 6-12

（3）在调度页面中，点击绿色箭头，对待送货的运单进行取派调度，调度完成后点击【提交】按钮完成调度，如图6-13、图6-14所示。

图 6-13

图 6-14

（4）在取派调度页面，点击【打印】按钮，进入取派通知单预览页面，打印取派通知单，如图6-15、图6-16所示。

	取派编号	预计发车时间	司机	车牌号	当前操作				
✎	TD0010427	2020-04-11	王▨	粤A5▨	取派调度	退回	删除	打印	提交

当前调度单已选运单列表：

	顺序号	取派类型	运单号	是否返单	是否收款	
✎	1	在派	1400001805004	否	否	↑
✎	2	在派	0000000000741	否	否	↑
✎	3	在派	1400001805001	否	否	↑
✎	4	在取	0000000000740	否	否	↑
✎	5	在取	0000000000739	否	否	↑

当前取/派调度单信息

- 取派编号：TD0010427
- 预计发车：2020-04-11
- 运力编号：QPYL00100739
- 车牌号：粤A5▨
- 司机：王▨
- 货运员：郭▨
- 备注：
- 调度人：1
- 调度时间：2020-04-11 01:05:07

保存

图 6-15

打印

取（派）通知单

单号		TD0010435		操作站		上海	
资源	车辆	粤A5▨		车型			
	司机	王▨		预计发车时间		2020-04-23	
总数量		30.0件	总重量	35.2kg	总体积	0.852 m³	

客户信息

订单/运单号	顺序号	客户	地址	电话	姓名	类型
1400001805004	1	沃尔超市(东华店)	广州市东华东路▨	020-65▨	张▨	在派
0000000000035	2	沃尔超市(广茂店)	广州大道南▨	020-63▨	刘▨	在派
1400001805001	3	沃尔超市(东风店)	广州市越秀区▨	020-78▨	王▨	在派
0000000000036	4	广州智库图书有限公司	广州市番禺区民安路▨	156▨	邓▨	在取
0000000000034	5	广州沃尔商业有限公司	广州市番禺区▨	136▨	赵▨	在取

货品信息

订单/运单号	货品名称	件数(件)	重量(kg)	体积(m³)	备注
1400001805004	签字笔	10	4	0.061	
0000000000035	康师傅包装饮用水	2	0.2	0.08	
0000000000035	农夫山泉矿泉水	1	0.5	0.112	
0000000000035	脉动维生素饮料	2	3.6	0.117	
0000000000035	百岁山天然矿泉水	2	0.5	0.112	
0000000000035	康师傅冰红茶	1	0.2	0.08	
0000000000035	幸福时光卷筒纸	2	0.2	0.08	

图 6-16

6.5 运输订单手持操作

（1）车辆出站。

操作员拿到运单和取派通知单后，从设备存放区取出手动托盘搬运车（地牛），将取派车辆存放区的笼车叉起来，取货车辆出站前往客户区进行取货操作。

操作员登录手持系统后，点击【运输作业】按钮，选择【取/派出站】，点击相应的取派通知单，进入出站扫描界面，扫描运单号获取信息，扫描完成后点击【确认】按钮，将扫描结果上传。返回，点击【出站】按钮，完成车辆空车出站确认，如图6-17至图6-22所示。

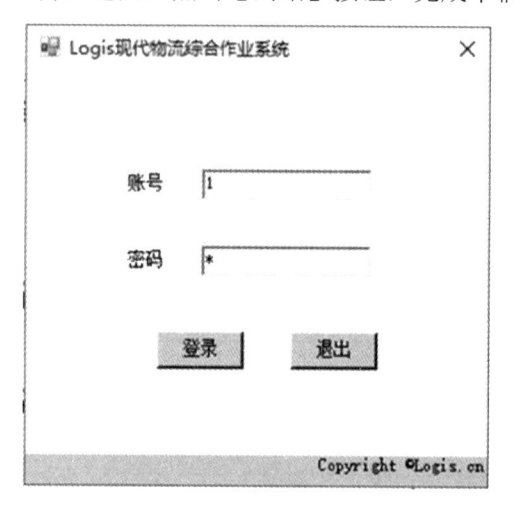

图6-17

图6-18

图6-19

图6-20

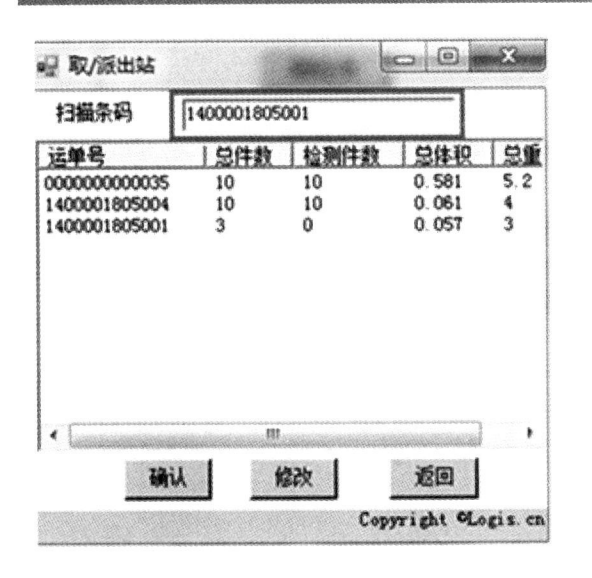

图 6-21

图 6-22

（2）现场取货。

操作员在客户区找到取派通知单上对应的客户和货物，清点检查完毕，将货物搬至取货车辆（笼车）上，与工作人员进行签字交接，关好车门，将车上货物运送至干线发运区进行发运装车。

操作员登录手持系统后，点击【运输作业】按钮，选择【现场取货】，点击相应的取派通知单，点击【取货】按钮，进入信息确认界面，扫描打印出来的运单条码并点击【确认】按钮，完成取货操作，如图 6-23 至图 6-26 所示。

图 6-23

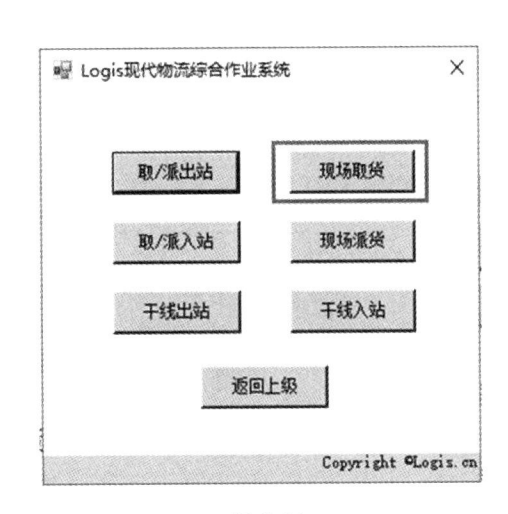

图 6-24

图 6-25 　　　　　　　　　　　　　　　　图 6-26

（3）货物入站。

操作员将货物运送至干线发运区，将取派车辆上的货物搬至指定发运区整齐码好，等待发运装车。搬完货物后将取货车和手动托盘搬运车搬回原位。

操作员登录手持系统后，点击【运输作业】按钮，选择【取/派入站】，点击相应的取派通知单，扫描打印出来的运单条码，完成货物检测。数量等信息无误后，点击【确认】按钮。返回上一页，选中相应的取派通知单，点击【入站】按钮，完成车辆取派入站操作，如图 6-27 至图 6-32 所示。

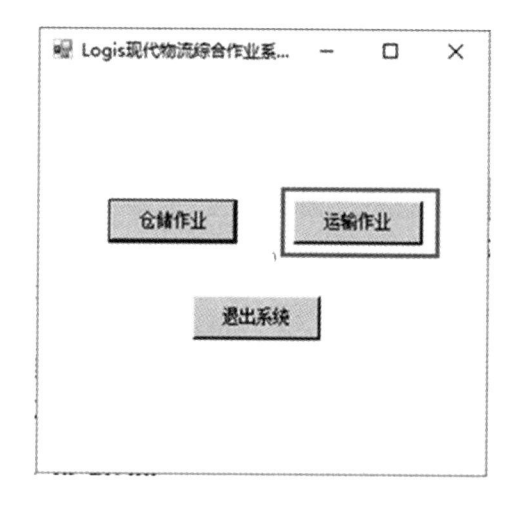

图 6-27 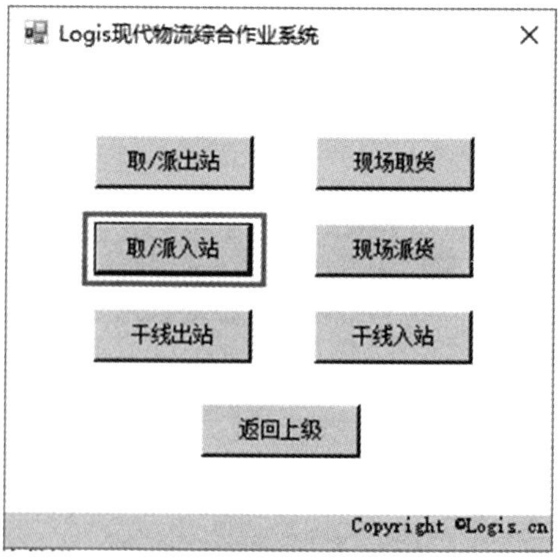　　　　　　　　　　　　　　　　图 6-28

图 6-29

图 6-30

图 6-31

图 6-32

实操 7　盘点作业

7.1　盘点单录入

（1）信息员登录 Logis 现代物流综合作业系统后，点击【盘点单】按钮，进入盘点单录入页面，如图 7-1 所示。

图 7-1

（2）点击【新增】按钮进入盘点单录入页面，根据题目选择相应的盘点区域，录入信息后，点击【保存订单】按钮，盘点单录入完毕，如图 7-2、图 7-3 所示。

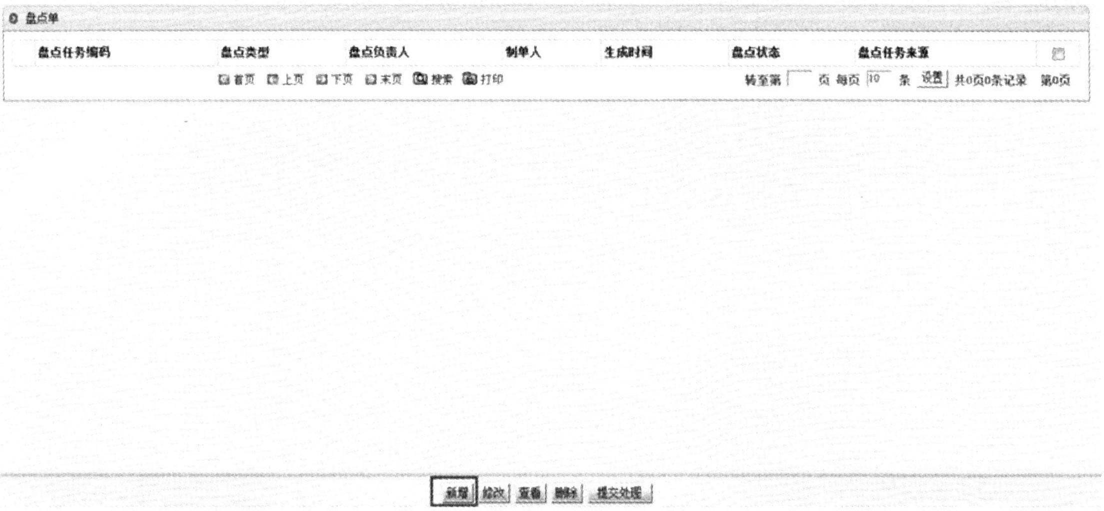

图 7-2

图 7-3

（3）回到任务列表页面，点击【提交处理】按钮，下达盘点任务到现场作业人员，如图 7-4 所示。

图 7-4

7.2 盘点手持操作

（1）操作员接收到盘点指令后，来到指定的盘点区域（托盘货架区或电子标签货架区）准备盘点。

登录仓储作业系统，点击【盘点作业】按钮，进入盘点任务列表页面，在此页面中，点击【盘点】按钮，进入盘点作业页面，如图 7-5 至图 7-7 所示。

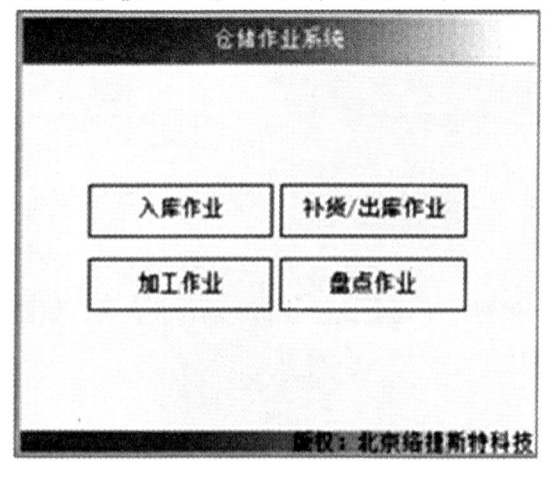

图 7-5　　　　　　　　　　　图 7-6

图 7-7

(2) 手持系统上方显示对哪个区域进行盘点，例如：对托盘货架区进行盘点，按照货位进行盘点，扫描储位，扫描货品条形码，并输入实际数量。输入完毕后，点击【保存】按钮，则一个货位的任务盘点完毕，如图 7-8 所示。

如果需要盘点的货位没有任何货品，扫描完储位标签后，直接点击【无货品】按钮。

重复此操作，完成剩余任务的盘点工作。

图 7-8

(3) 待所有任务完成后，会进入如图 7-9 所示页面。

图 7-9

（4）返回主菜单，进入盘点任务列表，点击【完成】按钮，盘点任务完毕，如图 7-10、图 7-11 所示。

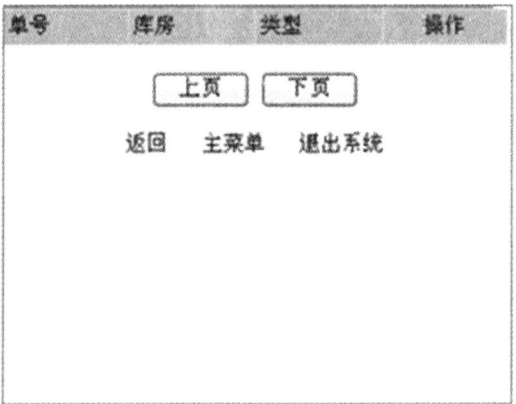

图 7-10   图 7-11